예술가처럼 일하라

**예술가처럼 일하라**

지은이 에릭 월
옮긴이 서애경
펴낸이 임상진
펴낸곳 (주)넥서스

초판 1쇄 발행 2015년 7월 10일
초판 2쇄 발행 2015년 7월 15일

2판 1쇄 인쇄 2019년 3월 20일
2판 1쇄 발행 2019년 3월 25일

출판신고 1992년 4월 3일 제311-2002-2호
10880 경기도 파주시 지목로 5 (신촌동)
Tel (02)330-5500 Fax (02)330-5555

ISBN 979-11-6165-614-4  03320

www.nexusbook.com

# 예술가처럼 일하라

혁신 기업의 비밀을 밝히는 창의력 특강

Artistic
Creative
Success

에릭 월 지음 | 서애경 옮김

넥서스BIZ

그래피티 아티스트 에릭 월입니다.
저는 천재적인 예술가들의 특징에 대해
오랫동안 연구해왔습니다.
그리고 기업가, 혁신가, 꿈을 가진 직장인들에게
창의력의 비밀을 밝히는 강의를 해왔습니다.

저는 그들에게 언제나 이렇게 말했습니다.

## "예술가처럼 일하라!"

창의적인 예술과 창의적인 일은
본질적으로 다르지 않기 때문입니다.

지금부터 수많은 예술가들이 걸어온 그 길로
여러분과 함께 가려고 합니다.

## 자, 시작해볼까요?

# 좀 더 큰 나만의 캔버스를 찾아서

　　많은 사람이 천재적인 창의력은 선택받은 몇몇 사람의 몫이라고만 생각한다. 하지만 창의력은 우리 모두에게 있다. 창의력은 여러분과 내가 되고 싶고, 하고 싶은 모든 것을 발견하는 과정 그 자체를 말한다. 창의력이 없다면 우리는 거대한 파도에 이리저리 휩쓸리는 존재에 불과하다. 하지만 창의력은 그 물결을 바꿀 힘이 되어준다. 우리는 얼마든지 새로운 목적지를 찾아 바람과 파도를 최대한 유리하게 이용하는 대담한 배가 될 수 있다.

　창의력은 특별한 사람만의 것도 아니고, 특정한 장소에만 존재하는 것도 아니다. 단 한 번도 여러분 곁을 떠난 적 없는 모험심, 단조롭고 빤한 일상 속에서 여러분을 향해 늘 손짓하던 방랑벽, 지금보다 더 활기차고 뜻깊은 인생을 찾아 헤매게 하면서도 결코 채워지지 않았던 호기심으로부터 창의력이 생겨난다. 이러한 자극들을 따름으로써 여러분은 진정한 자유로 향하는 길에 들어설 수 있다. 그리고 자신의 진정한 모습을 알아가게 될 것이다.

여러분은 모두 독창적인 생각과 획기적인 해결책을 언제라도 내놓을 수 있는 대담한 예술가다. 하지만 시간이 지나면서 대부분의 사람은 모험심, 방랑벽, 호기심으로부터 점점 더 멀어졌고, 참신하기보다는 논리적으로, 직감적이기보다는 구체적으로 생각하는 법에 익숙해졌다. 그러는 동안 타고났던 예술적 수단들이 서서히 사라졌다.

여러분이 익혀온 삶의 방식과 일하는 방식을 어떻게 버릴 수 있을지 깨달아야 한다. 그 순간 모든 것이 새롭게 변하게 될 것이다.

우선 여러분은 내가 처음부터 예술가가 아니었다는 점을 알아야 한다. 태어날 때부터 예술성을 가지고 있었거나 예술 방면에 남다른 재능을 보인 것도 아니었다. 나는 안정적인 지위를 잃고 난 뒤에야 나의 창의력을 새롭게 발견했다. 내가 그랬던 것처럼 여러분의 내면에도 각자의 길을 가도록 하는 고유의 정체성이 숨어 있다.

지금부터 나의 이야기를 하려고 한다. 어쩌면 여러분의 이야기가 될 수도 있다. 나는 학교 생활을 참 잘했다. 성적도 좋았다. 나는 시험 점수로 나라는 인간과 나라는 학생의 가치를 평가했다. 또한 나는 정해진 원칙을 그대로 따르는 원칙 신봉자였다. 물론 교사들에게는 이상적인 학생이었다.

점차 이러한 특성들이 굳어져가다 보니 어느새 나는 원칙만을 준수하고 틀을 벗어나는 행동은 절대로 하지 않는 학생이 되어 있었다.

내게 창의력은 그다지 중요하지 않았다. 그 당시 나는 원칙을 잘 지키는 사람이 되어야 성공할 수 있다고 생각했다.

대학 졸업 후, 나는 나와 잘 어울리는 안정된 직장을 갖게 되었다. 직책과 월급 모두 만족스러웠다. 나는 회사의 시스템을 충실히 따랐고, 업계의 기준에 따라 좋은 보상을 받았다. 하지만 성공을 얻은 대가로 인생의 재미를 잃어버리고 말았다. 시간이 지난 후에야 안정적이었던 직장이 나 자신을 도전이나 모험으로부터 멀어지게 하는 위험한 중독이었다는 사실을 깨달았다.

나는 세상 사람들이 성공이라고 말하는 발전의 과정을 그대로 따랐다. 하지만 과연 그것이 내가 진정으로 바란 방향이었을까? 당시에는 그 사실을 쉽게 인정할 수 없었지만 10년 정도 일을 해보니 내가 지닌 가장 뛰어난 재능을 허비하고 있다는 느낌을 떨쳐버릴 수 없었다. 일적으로는 성공했지만 일상은 점점 더 불만족스러워졌다.

나는 점점 위축되어가는 나를 스스로 일으켜 세우기 위해 자존심을 키우기 시작했다. 대외적인 이미지에 신경을 씀으로써 일상생활에서 얻지 못하는 만족감을 충족시키려고 애썼다. 한 번은 사업 규모를 키우려고 무리하게 큰 돈을 대출하여 투자를 하기도 했다. 사실 그것은 내 능력을 세상에 증명해 보이기 위한 행동이 아니었다. 나 자신에게 스스로의 존재를 증명하려고 발버둥친 것이었다.

바로 그때 사건이 터졌다. 내 삶의 안정성을 지키는 데 많은 도움을 주었던 닷컴버블(dot.com bubble)이 허물어진 것이다. 금융계는 혼란에 빠졌고 내 사업도 순식간에 무너졌다. 나는 한순간에 전 재산과 투자금은 물론 안정과 정체성까지 모조리 잃어버렸다.

다시는 겪고 싶지 않을 정도로 견디기 힘든 고통이었다. 당시 서른 살에 불과했던 나는 아내와 세 아이를 데리고 처음부터 다시 시작해야 하는 상황에 내몰렸다. 첫째 아이가 겨우 다섯 살이었다.

나처럼 고군분투하며 살아온 사람은 나약해진 자신의 모습이 무척 낯설고 어색하다. 그런데 스스로의 나약함을 마지못해 수긍하자 새로운 삶으로 연결되는 통로가 나타났다. 나는 그동안 나의 일상에 어떤 감격도 없었다는 것과 돈을 벌면 내가 발전한다고 생각했다는 것을 인정했다. 나는 단 한 번도 돈을 벌면서 감동을 느껴본 적이 없었다.

획일화된 기준만을 따르던 침체 상태에서 깨어나 탐험을 떠나야 하는 시점이었다. 나는 다시 어린아이가 되기로 했다. 좌절과 분노가 자아성찰로 이어지면서 나에게 영감을 주었다. 나는 내 안의 열정을 억누르고 안정감에만 집착하는 상태에서 벗어나기로 결심했고, "예술은 너의 길이 아니다."라고 한 초등학교 담임선생님의 평가에 반기를 들기로 했다.

덴마크의 철학자 쇠렌 키에르케고르(Søren Kierkegaard)는 이렇게 말했다.

"모든 변화는 위기가 닥칠 때 일어난다."

나는 심각한 위기를 맞았지만 그 위기는 나 자신은 물론 일을 다시 돌아보고 새로운 기반을 세우기 위해 반드시 겪어야 할 실패였던 셈이다. 무턱대고 반복했던 나의 방식들이 내 가능성을 제한하고 있었다는 사실도 그때서야 알았다. 내가 소망하는 것들도 사회의 관습에 얽매여 있었고, 상상력은 예측 가능성이라는 수면제에 취해 깊은 잠에 빠져 있었다.

나는 삶의 꾐에 빠져 신념이라곤 찾아볼 수 없는, 논리적이고 체계적인 존재가 되어 있었다. 결국 내가 가진 가장 뛰어난 능력은 회사라는 틀 안에 갇혀버린 것이다.

나의 버팀목이라고 생각했던 성공이 사실은 내가 어떤 범위 이상으로는 발전하지 못하게 막고 서 있던 벽이었다. 내가 조종하고 있다고 생각한 존재가 실은 나를 조종하고 있었던 것이다. 나는 그 테두리 안에 존재하는 것만 볼 수 있었다. 문도, 창도 없는 원시림 속의 작은 오두막에서 사는 것과 다를 바 없는 상태였다. 나는 오두막 안에서만 만족했다. 내 상상을 뛰어넘는 아름다움과 모험, 의미가 오두막 바깥에 널려 있다는 사실을 전혀 알지 못했다.

하지만 이제 오두막의 찬장은 텅 비었고 땔감도 다 떨어진 상태였다. 선택의 여지가 없었다. 오두막 안에서 굶어 죽든지 밖으로 나가 살 방법을 찾아야 했다. 나는 안정의 벽을 허물고 그 뒤편에 무엇이 있는지를 탐험해보기로 결심했다. 그러려면 오랫동안 누려온 온실 속 화초 같은 삶을 완전히 버려야 했다.

나는 그림을 그리며 다시 살아났다.

비록 정규 교육을 받아본 적은 없었지만 몇 가지 그림 도구를 집어 들고 나를 모조리 캔버스에 쏟아부었다. 어떠한 원칙이나 기준도 없었다. 붓과 손으로 여기저기 물감을 칠하며 캔버스를 어지럽히고 있노라면 속이 후련했다. 이전에 느꼈던 삶에 대한 불만족감도 싹 사라졌다. 그뿐만이 아니었다. 상처 입은 마음이 치유되는 것을 넘어 그림 자체가 흥미롭고 아름답다는 생각을 하기 시작했다. 그러자 한 번도 겪어보지 못한 새로운 일들이 일어났다. 같은 지역의 예술가들과 어울리며 대화를 나누기 시작했고 새로운 아이디어를 모색했다. 생각이 거침없이 다방면으로 뻗어나갔고 어린아이가 된 것처럼 다시 한번 내 인생에 푹 빠져들게 되었다.

나는 예술에 흠뻑 취했다. 예술은 딱 정해진 명사형이 아니라 역동하는 동사형으로 느껴졌다. 나는 예술을 직업으로 삼을 수 있을지에 대해 고민했다. 예술을 직업으로 삼으면 스스로에 대해 좀 더 잘 알 수 있을 것 같다는 생각이 들었다. 사실 조금 위험했지만 위험을 감수할 가치가 있어 보였다. 어쩌면 생기 없던 모습으로 되돌아가는 것보다는 덜 위험한 일일 수도 있겠다는 생각이 들었다. 그 뒤 앞뒤 가리지 않고 나를 새롭게 발견하는 과정에 뛰어들었다. 일정에 쫓기지 않고 마음껏 탐험했고, 한계를 두지 않고 상상했으며, 규칙을 정해두지 않고 자유롭게 행동했다.

하지만 결과적으로 그것은 전체적인 그림을 미처 보지 못한 결정이었다. 나는 예술가들을 더 깊이 알아가는 과정에서 곧 한계를 만나게 되었다. 내가 만난 예술가들은 놀라운 수준의 독창성과 기교를 갖추었지만 예술로 생계를 꾸릴 수 있는 훈련이 되어 있지 않았고, 그럴 만한 수단도 없었다. 그들은 애초부터 열정과 아이디어만으로 사업이 가능하다고 여겼다. 그로 인해 그들이 가진 창의력을 창의적인 사업으로 발전시키지 못했다. 그들은 '예술가들까지 사업을 해야 하나?'라는 진부한 생각을 하고 있었던 것이다.

나는 예술가였지만 기업 강연 경험을 통해 일반 예술가보다 기업들의 철학과 현실에 대해 좀 더 잘 알고 있었다. 그 당시 나의 위치는 어디였을까? 기업의 관습을 따른 것도 아니고 예술가 집단의 사람들처럼 살지도 않았으니 무정부주의적 기업가였다고 할 수 있을까? 아니면 관료주의적인 예술가였다고 할 수 있을까? 사업적 마인드와 예술적 상상력 중 어느 쪽에도 절대적으로 속하지 못한 채 어정쩡하게 끼어 있는 상태였다.

그러다가 문득 내가 원하는 것이 어느 한쪽이 아니라 양쪽 모두였다는 것을 깨달았다. 관습적이고 비판적인 사고만으로는 일에서 최고의 성공을 이룰 수 없다. 혁신적이고 독특한 사고만으로도 불가능하다. 개인이 최고의 성공을 이루려면 자유분방한 상상력이 비판적인 능력과 어우러지고, 사업에 관한 예리한 통찰력이 예술적인 기교로 구체화될 수 있어야 한다.

우리는 회사에서 관습적이고 비판적인 사고방식으로만 업무를 수행하도록 길들여져 있다. 하지만 이러한 사고방식은 획기적인 아이디어를 떠올릴 능력을 짓밟고 나아가 우리의 잠재력을 파괴한다.

우리는 정답을 암기하도록 교육받았다. 그나마 정답을 찾아가는 풀이도 단 한 가지밖에 없었다. 좋은 성적을 받고 싶으면 그 한 가지 풀이 방법을 알아내 달달 외워야 했다. 정해진 틀 안에 정답을 써 넣어야 좋은 성적을 얻을 수 있었기 때문에 어렸을 때처럼 '틀 밖에서 새롭게 생각하기'는 꿈도 꾸지 못했다. 또 생각하는 법만 배웠지 생각을 버리는 법은 배우지 못했다.

대학을 졸업하고 회사에 들어온 후로는 구체적인 지시 사항에 따라 업무를 수행하고 할당량을 달성해야 했다. 그리고 해당 분야에서 과거에 성공했던 누군가의 방식을 그대로 따라하도록 훈련받았다. 우리가 할 수 있는 건 그저 가르쳐주는 방식을 그대로 적용하는 것뿐이었다. 그래야 상여금, 우수한 평가, 포상 휴가, 승진으로 보상받을 수 있었다. 승진이 된 후에도 책임져야 할 일이 조금 많아졌다는 것 빼고는 업무 방식은 이전과 전혀 달라지지 않았다.

우리는 회사 생활을 하면서 경력을 쌓으면서 안정적으로 발전하려면 과거의 방식이 무엇인지 잘 파악하고 그대로 잘 따라야 한다는 사실을 터득했다. 독창적인 행동은 거의 필요 없다는 것도 깨달았다. 기존 체계에 반기를 드는 행동은 비현실적이고, 이상적이며, 성장을 저해하는 행동이라고 생각하게 되었다. '배고픈 예술가'라는 말이 과장된 표현이 아니라는 것도 알게 되었다. 우리에게는 관습을 깨트려 줄 생각이 필요하다.

나는 어느 순간 에피파니(epiphany, 그리스어로 '진리의 나타남'을 의미하고, 진부한 현실 속에서 갑자기 진리를 깨닫는 순간을 표현할 때 쓰인다.-옮긴이)를 경험했다. 창의적인 아이디어를 끊임없이 떠오르게 해줄 예술성이 그동안 내가 쌓아온 효율적이고 현실적인 사업 전략들과 어우러진다면 과연 어떤 일이 벌어질까? 그런 일이 가능하긴 한 것일까? 가능하다면 어떤 방식으로 구체화해야 할까?

우리 집 주방에는 어떤 아이디어가 떠오를 때마다 메모를 한 냅킨과 종이가 어지럽게 늘어져 있다. 마찬가지로 떠오르는 생각을 쉴 새 없이 메모지에 써내려가던 그날 밤, 사업적 감각과 예술적 감수성, 역동적인 긴장감을 유지할 수 있다면 그것만으로도 사람들을 매료시킬 수 있겠다는 생각이 들었다.

나는 그때부터 며칠, 아니 몇 주 동안 내가 찾을 수 있는 모든 관련 정보를 조사하는 데 집중했다. 마침내 나는 파블로 피카소(Pablo Picasso), 어니스트 헤밍웨이(Earnest Hemingway), 아마데우스 모차르트(Amadeus Mozart)처럼 예술계의 상징적인 인물들이 지닌 대표적인 특성이 기업계의 유명 인사인 워런 버핏(Warren Buffett), 스티브 잡스(Steve Jobs), 리처드 브랜슨(Richard Branson)에게도 똑같이 나타난다는 사실을 알아냈다. 눈이 번쩍 뜨였다.

이것은 무엇을 의미할까?

우선 창의력은 박물관, 도서관, 콘서트 공연장에만 갇힌 존재가 아니며 매우 다양한 형태로 존재한다는 의미다. 창의력은 대기업 본사의 복도에도 존재했다. 또한 빈틈없어 보이는 고위 임원들과 날카로운 기업가들의 사무실에서도 흘러나오고 있었다.

하지만 나는 좀 더 구체적인 사례가 필요했다. 워런 버핏이나 어니스트 헤밍웨이보다 나와 좀 더 관련이 깊고 만날 수 있어서 이러한 특성을 좀 더 확실히 파악하게 해줄 누군가가 필요했다. 나는 조사를 계속했다.

그 누군가는 처음부터 나와 아주 가까이에 있었다. 그 누군가는 과거와 현재에서 창의력의 대명사로 불리는 사람들보다 훨씬 더 자유롭고 정확하게 그 특성들을 드러내고 있었다. 나 또한 이 집단과 관련이 있었고, 그 집단 안에 속했던 적이 있었다는 사실도 알게 되었다.

그 누군가는 바로 아이들이었다. 어린 시절의 우리는 끊임없이 창의력을 쏟아내기 위한 모든 조건을 갖추고 있었다. 호기심이 우리의 모든 감각을 지배했고, 모든 행동은 열정으로부터 시작되었다. 미지의 세계에 대한 두려움도 없었다. 발견의 과정 자체를 즐거워했다. 안될 거라고 비관하는 사람들의 말 같은 건 신경 쓰지도 않았다. 그리고 무엇보다 우리에겐 무한한 상상력이 있었다.

하지만 그 시절이 지나가버렸다고 한탄할 필요는 없다. 아이들보다 우리가 나은 점도 있다. 성인은 아이들보다 어떤 일을 처리할 수 있는 능력이 훨씬 뛰어나다. 또한 더 강한 신체를 가지고 있고, 자는 시간도 적다. 요컨대 성인은 훨씬 더 효율적이고 강하다. 물론 아이일 때보다 해야 할 일이 많아진 것은 사실이지만 그 일들을 모두 처리할 수 있는 능력을 갖추게 되었다.

　반면 어린 시절에는 창의력이 봄날의 강물처럼 넘쳐흘렀지만 정신과 신체가 덜 여물어 있어서 많은 일을 처리할 수 없었다. 스티브 잡스가 컴퓨터를 잘 다뤘기 때문에 자신의 상상력을 마음껏 펼쳤던 것은 아니다. 그는 자신이 어렸을 때 컴퓨터를 잘 다룰 줄 몰랐다고 고백한 바 있다. 아인슈타인의 부모님은 어린 아인슈타인이 천재적인 창의성을 발휘할 수 있도록 든든한 버팀목이 되어주었다. 만약 그들이 누군가가 아인슈타인에 대해 내린 평가를 그대로 받아들였더라면 아인슈타인은 완전히 다른 인생을 살았을 수도 있다. 이처럼 아이들은 창의력은 풍부하지만 미성숙하기 때문에 부모가 어떻게 길잡이 역할을 해주느냐에 따라 발전 정도가 달라진다.

　우리는 완벽한 기능을 갖춘 성인이다. 따라서 어린 시절의 창의력만 되찾을 수 있다면 업무와 일상생활에서 모두 활용할 수 있는 강력한 힘을 지니게 될 것이다.

　나는 스스로를 가두었던 벽에서 벗어났다. 기존의 판을 뒤집을 만한 발견을 해낸 사람들의 이야기를 계속해서 그림으로 그리고, 조각하고, 글로 썼다. 그리고 그 수많은 이야기를 정리해 기업에서 일하는 관객들과 나눌 만한 공연을 준비하기 시작했다. 새로운 사업의 방향을 분명하게 정한 것이다.

　나는 기존의 생각을 재구성해서 말하는 강연을 하지 않았다. 예술적 감각과 창의적 감수성을 바탕으로 하여 모험을 떠날 계기를 마련해주는 강연을 하기 위해 노력했다. 그렇게 나는 기업 대상의 강연 분야에서 색다른 브랜드가 되었다. 나는 내 이야기를 청중들이 더 쉽게 받아들이게 하기 위해 강연 때마다 3분 만에 캔버스에 화려한 색으로 그림을 그렸다.

에피파니를 경험하면서 구상하게 된 60분짜리 강연은 나에게 일 이상의 의미를 느낄 수 있게 해주었다. 내 강연은 많은 사람에게 좀 더 활기차고 모험적이고 능력 있게 일을 해나갈 동기부여를 해주었다. 또한 강연에서 전달하고자 하는 메시지는 나만의 이야기가 아니었다. 창의력을 재발견하고자 하는 모든 사람에게 해당하는 이야기였다. 그리고 10년이 지난 지금, 나는 수많은 성공 사례를 목격하고 있다.

나는 여러분이 여러분 안의 예술가를 구체적으로 어떻게 찾아내서 창의력을 발산할 수 있을지에 대해 말해주고 싶다. 업무를 하면서 발생한 문제를 해결하거나 중요한 광고의 카피를 쓰기 위해서만은 아니다. 창의력을 재발견한다면 수십 년 동안 느껴보지 못했던 완벽한 만족감을 느낄 수 있을 것이다. 그리고 여러분이 일하는 방식과 출근하는 이유, 나아가 인생까지 변화하게 될 것이다. 어떻게 우리 안의 예술가를 깨울 수 있을까? 그에 대한 가장 좋은 방법은 물론 사소한 방법까지도 알려주려고 한다.

그러기 위해서는 여러분이 논리와 예측에 사로잡히기 전에 어린 시절의 예술가가 어디에 있는지 파악해야 한다. 나조차도 나를 새롭게 발견한 지 얼마 되지 않았다. 시작 지점을 알아야 현재를 이해할 수 있고, 다가올 미래를 풍요롭게 가꾸어줄 방법들을 삶에 적용할 수 있다.

내가 걸어온 이 길의 시작 지점도 현재 여러분이 있는 곳과 크게 다르지 않았다. 여러분 역시 충분히 이 길을 따를 수 있다. 거침없고 무한한 창의력이 우리의 최종 목적지다.

CONTENTS

## 두 번째 강의. 나는 왜 이 일을 하는가

## 세 번째 강의. 빨리 창조하고 빨리 실패하라

### 6 도발하라

### 7 직감을 더하라

첫 번째 강의

---

# 우리 모두는
# 예술가로 태어났다

# 당신의 일곱 살을 기억하는가

　　　　　　일곱 살짜리 아이들을 방에 모아 놓고 이 중에 예술가가 있느냐고 물으면 아이들은 모두 손을 번쩍 든다. 하지만 서른다섯 살 먹은 성인들이 가득한 방에서 똑같이 물으면 겨우 한 사람 정도가 마지못해 손을 든다. 왜 그럴까?

　이에 대한 답을 얻으려면 우선 우리의 어린 시절을 이해해야 한다. 우리는 수많은 연구를 통해 사람은 저마다 다른 방식으로 문제를 해결하는 능력, 경이로운 상상력, 강력한 호기심을 타고났다는 사실을 알 수 있다.

　국제 몬테소리협회 회장인 팀 셀딘(Tim Seldin)은 이런 말을 했다.

　"아이들에게는 새로운 것을 발견해내는 능력이 내재되어 있다. 이 능력은 아이들이 자라며 함께 발달하기 때문에 처음에는 마당에서 진흙 파이를 만드는 정도였다가 좀 더 자라면 거실에 벌레 농장을 차리는 식으로 점점 대담해진다."

우리는 태어날 때부터 새로운 방식으로 생각하고, 적용하고, 발달시킬 수 있는 엄청난 능력을 지닌 존재였던 것이다. 다시 말해 우리 모두는 예술가로 태어났다.

### 상상과 모험이 넘치던 날들

우리는 우뇌 덕분에 독창적인 생각을 할 수 있고, 돌발적으로 일어나는 일들에 흥미를 느낄 수 있다. 우뇌는 어렸을 때 왕성하게 발달하기 때문에 어린 시절 우리의 머릿속에는 '왜?'라는 질문과 그보다 더 중요한 '왜 아닐까?'라는 질문이 꼬리에 꼬리를 물고 쏟아졌다. 상상력도 걷잡을 수 없이 넘쳐났다. 사방에 널려 있는 것들로부터 영감을 받았고, 온 세상이 하나의 커다란 캔버스라고 생각했으며, 무엇이든 자유롭게 만들어냈다.

사내아이들은 아주 어릴 때부터 나무 막대기를 칼 삼아 매일 상상 속에서 전쟁을 벌인다. 졸졸 흐르는 도랑물은 종이배가 항해를 떠날 거대한 강으로 변하기도 한다. 모험심과 상상력은 사내아이들과 떼려야 뗄 수 없다. 그들에게 어떤 장난감을 가지고 어디에서 노는지는 전혀 중요하지 않다. 상상 속으로 여행을 떠나야겠다고 마음만 먹으면 필요한 것은 무엇이든지 직접 만들어낼 수 있기 때문이다.

여자아이들도 립글로스를 바르고 찰랑거리는 드레스만 입으면 발레리나로 변신한다. 바비 인형과 동물 인형은 왕자를 찾아나서는 길을 함께 걷고 성대한 무도회에 함께 가줄 친구가 되어준다. 또 숨겨진 보물을 찾기 위해 더 넓은 미지의 세계로 모험을 떠나기도 한다. 아이들에게 모험은 일상생활에서 경험할 수 있는 현실이다.

여러분은 자신이 상상한 대로 행동하던 마지막이 언제였는지 기억하는가? 여러분에게도 원하는 것은 무엇이든, 또 누구든 될 수 있었던 시기가 있었다. 저마다 일상을 예술로 승화시키며 즐거움, 열정, 성취감을 느꼈던 시절이 있었다. 상상만으로 한순간에 지구 끝은 물론 그 너머까지도 훌쩍 떠날 수 있었다. 실제로 일어나는 일이 아니기 때문에 할 수 없다거나 하면 안 된다는 규칙 같은 것은 존재하지 않았다. 현실성이나 타당성, 안전성 따위는 문제가 되지 않았다.

우리가 어린 시절에 이렇게 행동할 수 있었던 것은 세계관이 정립되지 않은 시기였기 때문이다. 다양한 감각 기관을 통해 들어온 정보를 모조리 받아들이는 수집광이 됨으로써 비로소 우리는 어른이 될 수 있었다. 그렇게 언어를 배웠고, 다른 사람들과 어울리는 법도 터득했다. 달리거나 폴짝 뛰어오르는 방법은 물론, 몸의 근육과 관절을 좀 더 효율적으로 사용하는 법도 배웠다. 살면서 맞닥뜨리게 될 상황에 대비해 다양한 분야에 걸친 훈련을 한 셈이다. 하지만 상상력을 키울 수 있을 만한 좀 더 풍부하고 생동감 넘치는 환경을 접할 기회는 부족했다.

## 모두의 내면에는 마음껏 놀고픈 아이가 숨어 있다

전 세계 일류 기업의 사무실 분위기는 어린 시절 우리가 다녔던 유치원과 흡사하다. 구글(Google)은 자유로운 근무 환경을 조성해 직원들이 최첨단 제품을 개발하는 데 도움을 주고 있다. 특히 엔지니어들이 업무 시간의 20퍼센트를 각자가 호기심을 갖는 일에 쓸 수 있도록 한다. 직원들은 이 시간에 각자의 상상력을 펼칠 수 있는 무언가에 집중하거나, 평소에 자주 만나지 못하는 직원들과 만나 서로 다른 의견을 자유롭게 나눈다. 지메일(Gmail), 구글 어스(Google Earth), 구글 랩스(Google Labs), 애드센스(AdSense) 프로그램 같은 혁신적 아이디어가 모두 이러한 자유로운 근무 환경에서 탄생했다.

구글의 '20퍼센트 자유 시간'이 3M에서 먼저 시행했던 제도와 비슷하다는 사실을 아는 사람은 많지 않을 것이다. 물론 구글은 이 사실을 순순히 인정하지 않겠지만 말이다. 3M은 1948년부터 직원들이 근무 시간의 15퍼센트를 각자의 상상력을 키우기 위한 휴식 시간으로 쓰도록 하는 제도를 시행했고, 현재까지도 그 제도를 유지해오고 있다. 3M의 신화인 포스트잇(Post-it)은 아트 프라이(Art Fry)라는 직원이 15퍼센트 휴식 시간을 즐기다 개발해낸 것이다. 포스트잇은 50만여 종의 다양한 제품으로 연매출 2백 억 달러 이상을 벌어들이는 2만 2천 종 이상의 특허 중 겨우 한 가지에 불과하다. 3M은 기술 혁신의 화산이라고 표현할 만한 기업이다.

물론 구글과 3M이 혁신적인 제품을 끊임없이 쏟아내는 다른 여러

첫 번째 강의_우리 모두는 예술가로 태어났다

가지 요인이 있을 것이다. 하지만 사원부터 임원에 이르는 모든 직원이 기업의 지속적인 성공 요인으로 꼽는 것은 근무 내 자유 시간이다. 구글에서 상품 검색 및 사용자 경험 조사를 담당했던 부사장 마리사 메이어(Marissa Mayer)는 "당시(현재는 야후[Yahoo]의 CEO이다.) 구글이 출시한 신제품의 절반 정도가 20퍼센트 자유 시간 동안 개발된 것이다."라고 평가했다. 3M의 기술 담당 이사 쿠르

마음속 어린아이를 포기하지 마라. '왜'에서 가장 위대한 업적이 나온다.
★스티븐 스필버그

트 바인리히(Kurt Beinlich) 역시 15퍼센트 자유 시간 덕분에 "3M의 제품의 정체성과 회사의 정체성이 정해졌다."라고 말했다.

두 기업의 직원들은 시간표에 얽매이지 않고 상상력을 키울 수 있는 근무 환경을 누렸다. 그들이 누린 근무 환경은 우리가 어린 시절에 누렸던 환경과 꼭 닮았다. 무엇이든 마음껏 배울 수 있고, 자유롭고, 즐겁고, 생동감이 넘친다.

예수는 아이들이 자신의 곁으로 다가오지 못하도록 막은 제자들을 호되게 꾸짖으며 "어린아이들을 용납하고 내게 오는 것을 금하지 마라. 천국이 이런 사람의 것이니라."라고 말했다. 지그문트 프로이트(Sigmund Freud)는 "아이들의 반짝이는 총명함과 평범한 어른들의 쇠약한 지능의 간극이 너무나 커서 비참할 정도다."라며 한탄하기도 했다. 헤라클레이토스(Heraclitus)는 '놀이를 하면서 발견되는 아이다움이야말로 인간 본연의 모습이다.'라고 쓴 바 있고, 프리드리히 니체

(Friedrich Nietzche)는 "모든 인간의 내면에는 마음껏 놀고 싶은 아이가 하나 숨어 있다."라고 주장한 바 있다. 마하트마 간디(Mahatma Gandhi)는 "아이들을 통해 사랑의 법칙을 가장 잘 이해하고 배울 수 있다."라고 했다.

알베르트 아인슈타인(Albert Einstein)은 상대성 이론을 발견한 사람이 오직 자신뿐인 이유에 대해 다음과 같이 설명했다.

"보통 우주와 시간에 대한 의문은 어릴 때 생긴다. 하지만 나는 지능 발달이 더뎌서 어른이 된 후에야 우주와 시간에 대한 궁금증이 생겼다. 따라서 내가 평범한 아이들보다 우주와 시간에 대해 훨씬 더 깊이 연구할 수 있었던 것은 당연한 일이다."

아인슈타인의 주장대로라면 그의 천재성은 어른이 된 후에도 아이다움을 잃지 않은 결과다. 아인슈타인이 영재가 아니라 학습 부진아에 가까웠다는 사실도 놀랍다.

월터 아이작슨(Walter Isaacson)은 아인슈타인의 전기에서 아인슈타인에 대해 다음과 같이 묘사했다.

아인슈타인에게는 기존의 권위에 도전하는 당돌한 반항심이 있었다. 그는 모두가 당연하다고 여기는 사실에 대해서도 궁금증을 품었다. 또한 말을 늦게 시작한 만큼 평범한 성인이 당연하게 여기는 사소한 것까지도 호기심을 가졌다.

아인슈타인의 부모는 아인슈타인을 문제아라고 치부하는 세상의 평가에 순응하지 않았다. 그리고 끊임없이 아인슈타인의 자유분방하고 독특한 사고방식에 용기를 북돋아 주려고 노력했다. 후에 아인슈타인이 좀 더 자라서 충분한 능력을 갖추고 스스로 연구에 몰두하게 되었을 때 이러한 부모의 노력이 빛을 발하게 된 것이다. 아인슈타인 개인과 인류에게 천만다행인 일이다.

> **creative note**
> 어렸을 때 여러분의 생활은 어땠는가? 여러분은 무엇이든 마음껏 배울 수 있었고, 자유로웠고, 즐거웠고, 생동감이 넘쳤다. 그때의 모습은 모두 어디로 사라져 버렸는가? 프리드리히 니체는 "모든 인간의 내면에는 마음껏 놀고 싶은 아이가 하나 숨어 있다."라고 했다. 지금이 여러분 안의 꼬마 예술가를 다시 불러내야 할 때이다.

## 일곱 살 그때처럼 일하는 사람의 4가지 비밀

상상력으로 무장했던 어린 시절의 우리는 침실, 지하실, 뒷마당 같은 일상의 장소에서 모험을 떠났다. 처음에는 조리대처럼 안전한 곳을 기어올랐지만 점차 나무나 지붕 위로 올라가기 시작했다. 계단 한 칸에서 뛰어내리던 것이 계단 중간쯤에서 뛰어내리는 행동으로 이어졌고, 마침내 뒷마당의 울타리 위에서도 훌쩍 뛰어내리게 되었다. 위험이 도사리고 있는 미지의 세상이 우리를 향해 손짓했다. 우리는 더빨리 달렸고 높이 날았다. 과감하게 춤을 추었으며 더 크게 고함을 질렀다. 우리는 탐험과 혁신에 온 힘을 바쳤다. 그렇게 태어나서부터 일곱 살까지 우리 인생의 어떤 칠 년보다 더 많은 것을 배워 나갔다.

호기심, 상상력, 탐험이 아이들만의 전유물이라는 생각을 버려라. 나이가 들었더라도 탐험하고 발견하는 행동을 그만두어서는 안 된다. 어른이 된 지금이야말로 새로운 발견이 필요하다. 또한 지금 우리의 조건이 어린 시절보다 탐험하기 더 좋아졌다는 사실을 기억해야 한다.

**첫 번째 비밀** ▶ 호기심과 대화하라

아이작 뉴턴(Isaac Newton)은 과학자로서 전성기를 누리던 때에 대해 자세히 설명해 달라는 질문에 대해 이렇게 대답했다.

"저는 해변에서 뛰어노는 사내아이 같았습니다. 실체가 드러나지 않은 광활한 진실의 바다를 앞에 두고 매끈한 조약돌이나 예쁜 조개 껍데기를 주우러 다녔죠."

실체를 모르는 무언가와 마주할 때 우리는 '왜?', '왜 아닐까?'라는 질문을 자연스럽게 떠올리며 호기심을 갖는다.

인간은 호기심이 동력이 되었을 때 모든 사물에 흥미를 느끼고 열정적으로 탐구하려는 의욕을 갖는다. 부모들이 끝없이 던지는 아이들의 질문에 지치는 것만 보아도 알 수 있다. 아이들은 호기심에 항상 가득 차 있기 때문에 끊임없이 질문을 던지는 것이고, 그 과정을 통해 엄청난 양의 지식을 매우 빠른 속도로 습득해 나간다.

최근에 여러분이 가장 감명 깊게 본 영화나 재미있게 읽은 책을 떠올려보라. 분명 그 영화나 책이 주는 신비로움이 여러분의 호기심을 자극했을 것이다. 또한 여러분이 그것을 보는 내내 긴장을 풀지 못했거나 눈 깜짝하는 사이에 영화가 끝난 것처럼 느껴진 이유도 어떤 미스터리함을 느꼈기 때문이다.

그것은 우리가 사랑에 빠진 누군가와 대화를 하면 그 사람에 대해 알고 싶은 마음 때문에 팔다리에 쥐가 나도 알아채지 못하는 이유이기도 하고, 또 다른 은하계와 외계의 행성에 생명체가 살지도 모른다는 가능성에 여전히 사람들이 관심을 갖는 이유이기도 하다. 그래서 대중들은 세상이라는 바다의 가장 깊은 곳을 탐험하는 데 수백만 달러를 기꺼이 투자한 재계의 거물 리처드 브랜슨(Richard Branson), 영화 〈타이타닉(Taitanic)〉과 〈아바타(Avatar)〉의 감독인 제임스 캐머런(James Cameron), 아마존(Amazon)의 CEO인 제프 베조스(Jeff Bezos) 같은 사람들을 좋아한다.

베일에 싸인 무언가는 그 안에 누구의 발길도 닿지 않은 영역이 있고, 우리가 언젠가 그 미지의 영역을 발견할 수 있을 것이라는 가능성을 내포하고 있다. 어떤 것에 대해 흥미가 생기는 것은 매우 중요한데, 이 흥미는 베일에 싸인 무언가에 대해 느끼는 미스터리함으로부터 시작된다. 따라서 창의력은 미스터리함으로부터 시작된다고 할 수 있다.

**두 번째 비밀** ▶ 지식을 버려라

작가 스콧 소프(Scott Thorpe)는 자신의 책《아인슈타인의 발상 전략(How To Think Like Einstein)》에서 다음과 같이 언급했다.

> 아인슈타인의 수학과 과학에 대한 지식수준은 인생 전반에 걸쳐 꾸준히 높아졌다. 그런데 그의 연구 성과를 살피다 보면 특이한 점 한 가지가 발견된다. 가장 뛰어난 연구 결과가 그가 연구를 막 시작한 첫해에 나왔고, 말년으로 갈수록 연구 성과가 줄어들었다는 점이다.

그는 이것이 다른 천재들의 삶에서도 전형적으로 나타나는 흥미로운 특징이라는 설명도 덧붙였다.

아인슈타인은 대학을 졸업한 뒤 첫해에 스위스 특허청에서 근무하면서 '탈수기 성능 개선 검토' 작업을 맡았다. 그러면서 부업으로 물리학을 연구하던 도중에 'E=mc²'라는 에너지 보존 법칙을 발견했다. 그 후로도 몇 년 동안 아인슈타인의 명석한 두뇌는 빛을 잃지 않았다. 과학과 수학에 대한 지식이 쌓이면서 더 깊어졌고, 당시 최고의 인재였던 동료들과 함께 많은 시간을 연구에만 몰두했다. 그럼에도 불구하고 아인슈타인은 이후로 연구 성과를 더 내지 못했다.

스콧 소프는 다음과 같은 결론을 내렸다.

> 일반적으로 우리는 아인슈타인이 지능과 지식수준이 높기 때문에 홀

룽한 연구 성과를 낼 수 있었다고 생각한다. 하지만 아인슈타인의 지식수준이 높아질수록 연구 성과는 줄어들었고, 획기적인 발견은 지식수준이 가장 낮을 때 가장 활발하게 이루어졌다.

지식수준이 높을수록 체계가 우리 안에 깊이 자리 잡기 때문에 새로운 해결책을 찾는 것이 어려워진다. 이것이 지식의 맹점이다. 때로는 방대한 지식이 창의적으로 문제를 해결하는 데 가장 큰 걸림돌이 된다. 완벽하게 갖춰진 지식을 뒤로 한 채 백지 상태로 돌아가기란 무척 어렵다. 반면 무지야말로 모든 아이가 지닌 비장의 무기다. 여러분도 어린 시절에는 쌓여 있는 과거의 경험이 얼마 되지 않기 때문에 어느 쪽으로도 치우치지 않고 생각할 수 있었다.

어린 시절에는 지식이 실시간으로 변하고 발전했다. 생각이 유연했기 때문에 어떤 판단을 내릴 때 최근에 했던 탐험이나 실험에서 얻은 결론을 바로바로 적용했다. 반대로 기존의 지식이 잘못되었다고 생각되면 언제라도 당당하게 결론을 바꿨다. 이 같은 열린 태도 덕분에 편견에 사로잡히지 않고 있는 그대로 사물을 바라보는 관점을 유지할 수 있었다. 어쩌면 사물의 본질보다 더 좋게 바라봤을 수도 있다. 획기적인 발전은 무지함으로부터 시작된다. 여기에는 자발적 무지도 포함된다.

어떤 아이든지 한 시간만 함께 있어 보면 끈기와 고집이 굉장하다는 사실을 알 수 있다. 아이들은 어떤 욕구가 생기는 즉시 행동에 옮기려 하고 욕구가 완전히 채워질 때까지 절대로 하던 일을 멈추지 않는다. 이처럼 아이들의 끈기와 고집이 즉흥성까지 갖춘 탓에 부모들은 참지 못하고 아이에게 화를 내고 마는 것이다. 아이들은 어떤 일이든지 원하면 곧바로 해야만 한다. 아침 일곱 시에 아이스크림을 먹거나, 사람 많은 식당 한 가운데에서 갑자기 큰 목소리로 노래를 부르거나, 밤 열한 시에 트램펄린을 뛰는 일도 아이들에겐 그리 이상한 행동이 아니다. 그러다가 학교에 들어가서야 그러면 안 되는 것들이 있다는 사실을 겨우 받아들인다. 아이들은 한 살 한 살 나이를 먹을수록 다른 사람의 의견을 받아들일 줄 알게 되고 상황에 맞는 예의가 있음을 깨달아 간다.

언제부턴가 사회 전반적으로 배우나 아티스트들에게 '운이 좋다.'라는 표현을 자주 사용한다. 하지만 '운'이라는 것은 어떤 욕망이 생기는 즉시 파고들어 탐험하는 사람들에게만 생기는 결과라는 것을 반드시 알아야 한다.

작가 글렌 로피스(Glen Llopis)는 자신의 책 《뜻밖의 발견(Earning Serendipity)》에서 신속한 행동으로 좋은 결과를 얻은 유명인들의 일화를 다음과 같이 소개했다.

나무에서 사과 하나가 떨어졌다. 그리고 한 사내는 떨어진 사과보다 훨씬 더 대단한 사실을 보았다. 아이작 뉴턴이 만유인력의 법칙을 발견한 것이다.

토션 바 스프링(torsion bar spring)이 작업대 위로 떨어지면서 튀어오르는 모습을 본 한 해군 장교는 스프링이 튀어오르는 모습 이상의 것을 보았다. 그렇게 리처드 제임스(Richard James)는 용수철 장난감인 슬링키(Slinky)를 만들어냈다.

테니스화에 떨어진 고무 화합물을 본 한 화학자는 절대 지워지지 않는 얼룩 이상의 것을 발견했다. 팻시 셔먼(Patsy Sherman)은 이 실수를 계기로 화학 오염물이 묻지 않도록 막아주는 방오가공제인 스카치가드(Scotchguard)를 만들어냈다.

깜빡 잊어버리는 바람에 실험식 구석에 방치되었던 세균 배양 조직 한 덩이에서 한 과학자는 더러운 곰팡이 이상의 것을 보았다. 알렉산더 플레밍(Alexander Fleming)이 페니실린을 발견해낸 것이다.

글렌 로피스는 같은 책에서 스위스의 전기 기술자였던 조르주 드 메스트랄(George de Mestral)의 일화도 소개했다. 1941년, 개를 데리고 온종일 사냥을 떠났다가 알프스 산맥에 위치한 집으로 돌아온 조르주 드 메스트랄은 자신이 입은 울 소재 바지에 도꼬마리 가시가 잔뜩 붙어있는 것을 발견했다. 어린아이 같은 순수한 호기심에 불타오른 그는 가시 하나를 떼어내 현미경으로 자세히 들여다보고는 가시가 바지의 미세한 섬유 가닥에 단단히 붙을 수 있었던 이유가 갈고리 모양을 하고 있기 때문이라는 사실을 알아냈다. 이때 떠오른 하나의 아이디어가 수백만 달러를 벌어들이는 회사를 설립한 계기가 되었다. 그렇게 세상에 나온 것이 바로 벨크로(Velcro)였다.

사실 우리가 보기에 벨크로는 고리나 집게처럼 누구나 생각해낼 수 있을 만큼 간단하다. 어린 시절의 우리에게 달력에 표시해야 할 일정이란 것은 탐험이나 창조밖에 없었다. 그 일을 언제든지 실행할 수 있었고 일정을 변경할 일도 없었다. 만약 그때처럼 쫓기지 않고 창의적인 실천을 해볼 시간을 충분히 갖는다면 여러분에게도 벨크로처럼 간단하지만 혁신적인 아이디어가 갑자기 떠오를 것이다.

단, 떠오른 아이디어를 곧바로 실행에 옮기지 않으면 영원히 기회가 다시 오지 않는다는 것을 기억하라.

**네 번째 비밀 ▶ 놀아라, 그래서 행복해져라**

작가 잭 울드리치(Jack Uldrich)는 '우리는 놀이를 통해 사물을 다루어 결과를 통제하는 법과 기존 문제에 대한 새로운 해결책을 마련하는 법을 익힐 수 있다.'라는 내용의 글을 쓴 바 있다.

뛰어난 영국의 수필가 길버트 키스 체스터턴(G. K. Chesterton)은 "모든 인간이 진정으로 추구하는 것은 놀이다."라고 말했다. 그의 소설

《맨어라이브(Manalive)》에는 놀이를 하듯이 살아가는 한 남자가 등장한다. 소설의 주인공 이노센트 스미스(Innocent Smith)는 보는 사람에 따라 완전히 미친 사람이라고 생각할 수도 있고, 훌륭한 사람이라고 생각할 수도 있는 인물이다.

어느 날 스미스는 런던의 어느 고요한 하숙집에 몸에 꽉 맞는 초록색 정장을 입고 나타났다. 그는 괴짜라는 말이 모자랄 정도로 굉장히 특이한 사람이었다. 쾌활하긴 했지만 대부분의 사람은 절대로 이해할 수 없는 행동들을 자주 했기 때문이다. 그럼에도 불구하고 사람들은 스미스의 다정한 마음씨에 빠져들었다. 삭막했던 하숙집 분위기가 그의 등장과 함께 달라졌다. 용기 없이 머뭇거리기만 하던 잉글우드(Inglewood)는 하숙집 주인의 조카딸인 다이애나 듀크(Diana Duke)에게 사랑을 고백했고, 자기밖에 모르던 기자 마이클(Michael)은 자신의 재산을 로저먼드 헌트(Rosamund Hunt)에게 모두 물려주기로 유언장을 수정했다. 그리고 스미스는 상속녀 로저먼드 헌트의 가사 도우미인 메리 그레이(Mary Gray)를 유혹할 자신만의 비밀스러운 계획을 세웠다.

모든 일이 문제없이 잘 흘러가고 있는 것처럼 보였다. 두 명의 의사가 스미스가 절도, 이중 결혼, 살인 미수 혐의로 수배 중인 범죄자라는 소식을 들고 등장하기 전까지는 말이다. 스미스는 순순히 자신의 죄를 시인하는가 싶더니 갑자기 권총을 꺼내 두 명의 의사 중 한 사람에게 두 발의 총을 쏘았다. 하지만 다행히 총알은 의사의 머리를 피해갔다.

이후 스미스는 재판에서 자신의 이름처럼 무죄(innocent) 판정을 받았다. 절도, 이중 결혼, 살인 미수 혐의를 받고 있던 그가 어떻게 무죄 선고를 받을 수 있었을까? 정황은 이러했다. 스미스가 몰래 침입했다고 오해한 집은 사실 본인의 집이었고, 상간녀로 의심받았던 사람은 연애 시절의 즐거움을 다시 느끼려고 가명을 사용한 스미스의 아내였으며, 의사에게 총을 쏜 것은 사람들에게 목숨의 소중함을 일깨워 주려고 했던 스미스 나름의 전략이었던 것이다. 그는 진정으로 자신에게 주어진 인생을 즐길 줄 아는 사람이었다.

나는 이노센트 스미스가 소설 속 인물이기는 하지만 수많은 가정과 회사에서 환영받을 만한 사람이라고 생각한다. 어른들의 삶에서 사라져버린 아이의 순수함을 간직하고 있기 때문이다. 우리 주변에도 스미스 같은 사람이 있어야 한다는 말을 하려는 것은 아니다. 우리 자신이 스미스가 될 수 있다는 말을 하고 싶다. 우리가 스미스처럼 생각하고 세상을 바라볼 수 있다면 매일 아침 좀 더 환한 웃음, 기대에 부푼 마음, 활기찬 발걸음과 함께 출근하여 근무 시간 자체를 멋진 모험으로 만들 수 있을 것이다.

우리도 한때는 모두 스미스처럼 천진난만했다. 잭 올드리치는 글을 통해 다음과 같이 말했다.


놀이는 스트레스를 줄이고 사람을 활기차게 해주며 사고방식을 긍정

첫 번째 강의_우리 모두는 예술가로 태어났다

적으로 바꿔준다. 그 외에도 창의력을 높여주는 효과가 있다는 사실이 다양한 연구를 통해 계속해서 밝혀지고 있다.

따라서 창의적인 인재가 되고 싶다면 반드시 여러분이 어린 시절에 살았던 방식을 그대로 되찾아야 한다. 영국 극작가 크리스토퍼 프라이(Cristopher Fry)는 "인생은 위선적이다. 인생이 나를 이끄는 대로 살지 않는다면."이라고 말했다. 바로 지금이 여러분의 인생이 이끄는 대로 따라야 할 순간이다.

텍사스(Texas)주의 오스틴(Austin)에 마법사 학교를 세운 로이 윌리엄스(Roy Williams)는 이렇게 말했다.

"놀이를 할 때는 점수를 매길 필요가 없다. 긴장된 마음에 휴식을 주는 것이 바로 놀이다. 우리는 놀면서 생동감과 활기를 되찾는다. 아이들이 행복한 이유는 항상 놀기 때문이다. 반면 어른들은 놀지 않아서 행복하지 않다."

우리는 어린 시절에 열악한 주변 환경이나 부족한 역량에 아랑곳하지 않고 언제든 새로운 가능성을 찾아냈다. 창의력이 끊임없이 샘솟았다. 마음속 리듬에 발맞추어 세상을 살았다. 그리고 호기심이 이끄는 곳은 어디든 용감하게 나아갔다. 그것이 우리가 인생을 살았던 방식이었다.

하지만 이제는 모두 과거의 일이 되었다. 우리의 인생은 더 이상 그때처럼 새롭거나 즐겁거나 용감하지 않다. 우리의 창의력이 어디에서 어떻게 안정적인 인생에게 길을 내주었는지 모르겠다.

여러분 안에 있는 어린아이를 깨워라.

> **creative note**
>
> 호기심, 상상력, 탐험이 아이들만의 전유물이라는 생각을 버려라. 나이가 들었다고 탐험하고 발견하는 행동을 그만두어서는 안 된다. 탐험과 혁신에 온 힘을 바쳤던 어린 시절처럼 행동하라. 베일에 싸인 것을 흥미롭게 바라보라. 자발적으로 무지한 사람이 돼라. 나중이 없는 것처럼 행동하라. 놀면서 행복해져라.

# 탐험하라, 혁신적인 예술가처럼

헬렌 켈러(Helen Keller)는 "과감한 모험이 아니라면 삶은 아무것도 아니다."라고 말했다. 만약 여러분이 몇 명의 CEO를 무작위로 선정해서 그들과 일주일만 동행해본다면 헬렌켈러의 말을 삶에서 실천하기가 얼마나 어려운지 알 수 있을 것이다. 현실에서 우리의 인생은 과감한 모험이 아니다. 직장에서는 더더욱 그렇다. 집에서는 그 정도는 아니더라도 깨어 있는 대부분의 시간을 아무것도 하지 않고 멍 때리며 보내는 때가 많다. 시인 에드거 리 매스터스(Edgar Lee Masters)는 다음과 같이 쓰면서 자신의 비통한 심경을 나타낸 바 있다.

야망이 나에게 소리쳤다. 하지만 나는 기회를 두려워했다. 계속해서 인생의 의미를 애타게 찾아 헤매면서도.

한때 우리에게 차고 넘쳤던 궁금증, 모험심, 창의력은 다 어디로 간 것일까? 대부분의 사람은 그저 철이 들어서 그런 거니 신경 쓸 필요 없다고 답할 것이다. 하지만 그런 말은 핑계에 불과하다. 스스로에 대해 조금만 더 솔직해지자.

지금 여러분은 정말로 즐거운 인생을 살고 있는가? 에드거 리 매스터스가 말했던 것처럼 계속해서 애타게 바라고 소중하게 여기는 무언가가 있기는 한가?

## 좌뇌가 우리에게서 빼앗아간 보석들

'환지통'은 신체 부위를 절단했는데도 그 부위에 지속적으로 통증을 느끼는 증상을 가리키는 의학 용어다. 팔이나 다리를 절단한 환자에게 가장 흔하게 발생하며 유방 절제 수술을 받은 여성 또는 장기를 제거한 환자에게 발생하기도 한다. 어른이 된 이후 내내 느끼는 창의력에 대한 우리의 갈망은 환지통과 증상이 매우 유사하다. 한 가지 다른 점이 있다면 여러분이 이미 없어졌다고 느끼는 부분이 실제로는 그대로 남아 있다는 것이다. 다만 아동기 이후로는 사용하지 않아 굳어버린 것뿐이다.

인생은 활기가 넘칠 때 가장 빛난다. 하지만 슬프게도 많은 사람에게 안정을 유지하기 위한 훈련 과정으로 인생을 사용하는 것이 현실이다. 물론 그런 인생이 안전한 것은 사실이다. 하지만 결국에는 인생을 훨씬 더 윤택하게 해줄 진취성이나 독창성은 잃어버린 채 지루한 일상을 보내게 될 것이다.

프로젝트 스마트(Project Smart)를 진행했던 데브라 제닝스(Debra Jennings)는 이렇게 말했다.

"현대의 교육 과정이 우리에게 해를 끼치고 있습니다. 우리는 유치원 때부터 사실을 분석하고 논리적으로 설명하는 좌뇌 위주의 학습 방식으로 교육을 받아왔습니다. 또한 초등학교에서는 부족한 예산을 핑계로 읽기와 쓰기 및 사칙 연산 위주로 수업을 진행하고 미술, 음악, 체육 수업은 최소한으로 줄이고 있습니다."

우리는 학교 수업을 통해 지능은 높아졌지만 추상적·예술적인 사고는 전혀 발전시키지 못했다. 예술적 사고를 훈련할 수 있는 수업은 줄어들다 못해 자유 선택 과목으로까지 위신이 떨어지고 말았다. 학교 안에서 예술가들은 초라한 비주류 집단으로 치부당했다. 정규 교육의 틀 안에서 정해진 답을 앵무새처럼 따라 읊어야만 선생님에게 칭찬을 받고 주류가 될 수 있었다. 논리력과 기억력이 상상력과 창의력보다 우선으로 평가되었다. 여러분의 머릿속을 가득 메웠던 '왜?', '만약', '아마도'와 같은 질문을 계속해서 던지면 점점 사람들의 신임을 잃었다.

그 이후로는 회사에서 다른 사람들에게 적당히 보조를 맞추는 법을 배웠다. 생산성을 높이기 위한 근무 체계를 벗어나지 않을 때만 보상을 받을 수 있었다. 회사는 여러분이 12년 혹은 그보다 더 오랫동안 교육받아온 정적인 사고방식만을 강요했다.

교육 과정과 직장 생활 이외에도 여러분의 창의력을 억압하는 요인은 또 있다. 바로 좌뇌다. 논리적인 결정을 내리도록 해주는 좌뇌는 나이가 들수록 여러분의 사고를 점점 더 많이 지배하려고 든다. 이론대로라면 좌뇌는 여러분이 안정적인 인생을 사는 데 도움을 주어야 하지만 현실적으로는 창의력을 앗아가 더 나은 삶을 살지 못하도록 방해한다.

버클리(Berkeley) 대학의 심리학과 교수이자 철학과 겸임 교수인 앨리슨 고프닉(Alison Gopnik)은 다음과 같이 말했다.

"사람은 나이가 들면 몇 가지 행동이 자연스럽게 사라집니다. 엄지손가락을 빨거나 야뇨증 등이 없어진 건 반가운 일이죠. 하지만 무한한 상상력, 즉흥성, 배우려는 욕구 같은 중요한 장점들도 우리에게서 함께 사라져버렸습니다."

앨리슨 고프닉 교수는 어린아이와 어른의 지각능력에 차이가 발생하는 이유를 컴퓨터 시스템에 비유해서 설명했다. 컴퓨터 시스템은 관련된 정보를 모조리 수집하는 '탐색' 시스템과 특정한 목적과 관련된 정보만 수집하는 '개발' 시스템으로 작동된다.

어린 시절의 우리는 탐색 시스템에 따라 움직였기 때문에 결과에 상관없이 눈에 보이는 수많은 정보를 모두 흡수했다. 그 과정에서 많은 것을 배웠고 자연스럽게 창의력이 발산되었다. 하지만 어른이 되자 필요한 때에 필요한 것만 배우는 개발 시스템을 사용하기 시작했고 원하는 정보만 골라서 받아들이게 되었다.

개발 시스템을 적용한 사고방식은 우리를 고정관념에 빠지게 한다는 문제점이 있다. 보통 나이가 들수록 '자신만의 방식에 갇혀' 새로운 가능성을 포착하기가 어려워진다. 대부분의 사람이 어른이 되면서 이미 습득한 정보로만 결정을 내리고, 설명하고, 문제를 해결하려고 하며, 목표로 하는 정보만 받아들이려고 한다. 이 과정에서 스스로가 품은 의문에 대한 답을 찾아내는 탐구심은 잃어버린다. 우리 안에 호기심을 대신하여 효율성이 자리 잡게 된 것이다.

> **creative note**
> 일곱 살 때 나는 어떤 장점을 가진 사람이었는가? 매일 어떤 말과 행동을 했으며 세상에 어떤 방식으로 반응하던 사람이었는가? 그때의 장점을 지금까지 잘 지켜내고 있는가? 나이가 들거나 교육을 받으면서 잃어버린 나의 능력들이 무엇인지 다시 점검해 보자. 그 능력들이야말로 최고의 성과를 내게 해줄 소중한 자산이다.

### 효율보다 효율이 높은 비효율

2005년 오하이오(Ohaio) 주립대학 인지과학센터의 블라디미르 슬롯스키(Vladimir Sloutsky) 교수는 같은 학교 대학원생인 애나 피셔(Anna Fisher)와 공동으로 실시한 실험에서 '성인은 자주 봐서 익숙한

고양이보다 평생 딱 한 번 본 상상 속 동물의 모습을 더 잘 기억한다.'
라는 결과를 얻었다.

슬롯스키 교수와 피셔는 "아이 같은 순수함이 있는 사람이 사물의
본질을 더 쉽게 파악할 수 있다."라고 말했다.

"있는 그대로를 기억하는 능력은 지식수준이 낮은 상태에서 가장
뛰어납니다. 사람은 똑똑해질수록 스스로 기준을 내세워 사물을 분
류하게 됩니다. 개인적인 차이는 있지만 그러다보면 대부분 기억력
이 저하되는 결과로 이어지게 됩니다."

결국 우리는 어른이 된 대가로 새로운 생각을 할 수 없게 된 것은
물론 사물을 구체적으로 기억하는 능력까지 잃게 된 것이다.

슬롯스키 교수와 피셔는 5세, 7세, 11세, 대학생으로 구성된 실험
참가자들에게 고양이 사진을 보여주면서 "고양이의 몸속에는 베타
세포(인슐린을 만들어내는 세포-옮긴이)가 있다."라고 설명했다. 그리고
고양이, 곰, 새 등 30여 가지의 다양한 동물 사진을 보여주면서 고양
이 몸속에만 베타 세포가 있다는 사실을 다시 한 번 강조했다. 그 뒤
에 60여 장의 동물 사진 중에서 앞에서 보여줬던 30여 가지의 동물
을 골라내 달라고 요청했다. 결과는 어땠을까? 5세 아동 그룹, 7세 아
동 그룹, 11세 아동 그룹이 순서대로 좋은 성적을 냈고, 대학생 그룹
의 성적이 가장 낮았다.

슬롯스키 교수는 아이들은 아직 동물을 종에 따라 구분할 줄 모르
기 때문에 이 실험에서 성인보다 더 좋은 기억력을 발휘할 수 있었다

고 말한다. 5세 아동들은 베타 세포가 있다고 설명해준 고양이와 비슷하게 생긴 동물을 찾기 위해 모든 동물의 사진을 자세히 살펴보았던 것이다. 반면 어른들은 베타 세포가 고양이에게만 있다는 사실을 인지한 뒤부터는 아예 다른 동물의 사진은 제대로 살펴보지 않았다.

슬롯스키 교수는 이 실험을 통해 사물을 자신만의 기준으로 분류해 판단하는 성인의 능력과 사물의 특징을 한눈에 인지하는 아이의 능력이 반비례한다는 결론을 내렸다. 사물을 분류해서 판단하게 되면 자세한 부분을 살피는 눈을 잃게 된다. 반면 세밀한 부분에 초점을 맞추면 분류하는 능력은 떨어질 수밖에 없다.

회사에서 업무를 수행할 때는 담당 업무와 밀접하게 관련된 사항은 물론 관련성이 낮은 사항까지 파악하고 있어야 하기 때문에 위의 두 가지 능력이 모두 필요하다. 업무의 효율성을 극대화시킬 수 있는 능력도 필요하지만 비효율적으로 접근하거나 카테고리를 벗어나서 생각할 줄 알아야 획기적인 제품을 개발하거나 혁신적인 해결책을 찾을 수 있다. 아이러니하게도 때로는 비효율적으로 보내는 시간이 효율적으로 보내는 시간보다 훨씬 더 효율성이 높다.

하지만 우리는 지나치게 효율성이라는 틀 안에만 갇혀 있다. 그래서 지금 우리에게 창의력이 절실하게 필요한 것이다.

### 언제까지 '언젠가는'만 되풀이할 것인가

많은 사람이 번듯한 직업, 더 높은 직위, 넉넉한 자금, 높은 수입을 갖추어야 한다고 말한다. 혁신적인 발전을 이루어내려면 외부의 요소가 바뀌어야 한다고 생각하는 것이다. 하지만 이것은 발에 꼭 맞는 신발이 있으면 달리기에서 최고 기록을 세울 수 있다고 말하는 것과 똑같다.

우리가 이용할 수 있는 최고의 자원은 외부에 있지 않다. 창의력이야말로 우리가 가진 가장 훌륭한 자원이기 때문이다. 창의력은 사물을 구별하고 파악하여 시시각각 변하는 환경에 적용할 수 있도록 해주는 능력이며, 주변 환경을 자신에게 유리하게 이용할 수 있게 해주는 능력이다. 또 서로 다른 정보를 습득하여 완전히 새롭게 조합해내는 능력이다. 이러한 창의력은 좌뇌에 이미 입력되어 있는 정보만으로는 생겨날 수 없다. 그래서 당장 효율성이 떨어진다 생각되더라도 추상적인 사고를 발전시키려는 노력이 필요하다.

효율성만 중요시하는 좌뇌는 인간을 생산성만 높고 감정은 느끼지 못하는 기계로 변하게 한다. 월급을 연료 삼아 '언젠가는'이라는 거짓 약속에 희망을 건 채 작동하는 기계 말이다.

언젠가는 제대로 된 조건과 여유를 갖출 수 있겠지. 언젠가는 꼭 해야지. 언젠가는 그곳에 다시 갈 거야. 언젠가는 다시 재충전의 시간을 가져야지. 언젠가는 좀 쉬면서 여유를 가져야지. 언젠가는…….

언제까지 '언젠가는'이라는 말만 되풀이할 것인가?

좌뇌는 뜨거운 난로에 손을 대지 않도록 하거나 차를 들이받아서 다치는 일이 없도록 하는 등 우리를 보호하는 역할을 한다. 하지만 좌뇌가 우리의 창의력에 수갑을 채우고 인생의 다채로운 빛을 앗아간 것도 사실이다. '업무=월급', '강도 높은 업무=많은 월급', '똑똑한 업무+강도 높은 업무=더 빠른 기간 내에 많이 받는 월급'이라는 방정식이 우리 안에 새겨져 있다.

하지만 '더 빠른 기간 내에 많이 받는 월급'은 개인에게 절대로 만족감을 주지 못한다. 오히려 일에 더 싫증을 느끼게 할 수도 있다. 따라서 기업에서 이 부분을 해결하지 못한다면 결코 직원들이 더 나은 성과를 내도록 할 수 없다.

그래서 최근 기업들은 직원들이 잠시 일로부터 떠나 기분 전환을 할 수 있도록 사내에 체육관, 육아 시설, 스파 같은 편의시설을 갖추려고 노력하고 있다. 하지만 근본적인 문제는 여전히 해결되지 않고 있다. 이러한 편의 시설은 업무를 잠시 잊게 해줄 뿐 업무 자체에 영감을 주지는 못하기 때문이다.

**creative note**

'언젠가는'이라는 거짓 약속에 희망을 건 채 일하고 있지는 않은가? 효율성을 추구하느라 놓치고 있는 것들은 없는가? 강도 높은 업무와 많은 돈이 진정한 만족감을 주는가? 때로는 비효율적으로 보내는 시간이 효율적으로 보내는 시간보다 훨씬 더 효율성이 높을 때가 있다는 것을 기억하라.

### 지금 일곱 살이라면 당신은 무엇을 하고 싶은가

좌뇌 위주의 사고방식이 낳는 또 다른 불행한 결과는 예술에 대한 편협한 시각이다. 우리는 피카소의 작품이나 헤밍웨이의 소설 정도가 되어야 예술이라고 말하지 혁신적인 아이디어나 만족감 같은 것은 예술의 범주에 넣지 않는다. 하지만 분명 여러분도 각자의 방식으로 피카소가 될 수 있다.

창의력을 부글부글 끓어오르게 하던 어린 시절의 사고방식이 여러분에게 여전히 남아 있다. 여러분이 인식하지 못했거나 심지어는 스스로에게 새어나오는 창의력을 틀어막으라고 지시했기 때문에 알아차리지 못했을 것이다. 하지만 타오르는 노을을 마주하거나, 어떤 영화를 감명 깊게 보거나, 아이의 탄생을 지켜보거나, 가슴 아픈 비극을 목격할 때면 지금도 여전히 여러분 안의 예술가가 여러분에게 무언가를 속삭이는 소리가 들릴 것이다.

2009년 노스 다코타(North Dakota) 주립대학 심리학과에서 실시한 '아동의 놀이(Child's play)'라는 연구의 결과를 살펴보자. 연구자들은 실험에 참가한 대학생들을 무작위로 A, B 두 집단으로 나누었다. 그리고 A 집단에게는 "여러분은 일곱 살입니다. 학교에 가지 않아도 되고 혼자 온종일 시간을 보내야 합니다. 무엇을 하겠습니까? 어디로 갈 건가요? 누구를 만나고 싶나요?"라고 질문했고, B 집단에게는 '여러분은 일곱 살입니다.'라는 문장만 빼고 똑같이 질문했다. 참가자들은 10분 동안 질문에 대한 각자의 답을 적은 뒤 토런스(Torrance) 창의력 검사를 받았다. 검사는 미완성된 그림을 완성하거나 어떤 사물을 새로운 용도로 사용할 수 있는 방법을 생각해내는 문제 등으로 이루어져 있었다. 검사 결과, 자신이 일곱 살이라고 가정하게 한 A 집단의 창의력 점수가 훨씬 더 높게 나타났다.

창의력 컨설턴트이자 '심리학 투데이(Psychology Today)'라는 블로그를 운영 중인 제프리 데이비스(Jeffery Davis)는 위의 실험 결과를 '창의력을 되찾으려면 일곱 살 아이처럼 생각하라.'라고 섣불리 정리해서는 안 된다고 말했다. 퓰리처 상 수상자인 엘렌 길크리스트(Ellen Gilchrist)는 세 살짜리 증손녀를 지켜보면서 '저 아이의 천재성을 어떻게 지켜줄 수 있을까?'에 대해 깊이 고민했고, 19세기 시인 샤를 보들레르(Charles Baudelaire)는 '천재성이란 마음대로 아이로 돌아갈 수 있는 능력이다.'라고 쓴 바 있다. 하지만 제프리 데이비스는 조금 다른 관점으로 다음과 같은 새로운 제안을 했다.

영아부터 유아기에 이르는 아이들은 어른들은 신경도 쓰지 않는 사소한 사물까지도 새롭게 여기며 지속적으로 관심을 가진다. 매우 창의적인 사람들이라고 해서 어린 시절 자체를 되찾았다고 말할 수는 없다. 그들은 세상이 재미있게 보이던 시각, 세상에 대한 믿음을 기억해낸 것이다. 즉, 어린 시절의 호기심을 되찾은 것이다.

천재성이란 마음대로 호기심을 불러일으킬 수 있는 능력이다. 단지 향수에 젖어 '잃어버린 동심'을 찾거나 '내 안의 아이를 발견'하라는 것은 아니다. 이는 '지금의 우리 자신이 누구이며 어떤 상태인지를 정확히 파악'하기 위한 것이다.

## 직장에서도 탐험을 멈추지 마라

가장
큰 모험은
여러분이
꿈꿔오던
삶을 사는
것입니다.
★오프라 윈프리

여러분은 예술가야말로 혁신적인 변화를 꾀하는 사람이며, 예술은 수세기 전의 걸작에만 해당하는 것이 아니라 훨씬 더 광범위하고 쉽다는 사실을 반드시 알아야 한다. 예술은 명사형이 아니라 동사형이므로 캔버스 안에만 한정되지 않는다. 또 예술은 여러분의 주변 환경과 주변 사람들에게 자극을 받아 탄생하게 되는 아주 구체적인 결과물이다.

나이나 예술적 재능에 상관없이 여러분은 모두 획기적인 예술품을 만들어낼 수 있는 탁월한 예술가가 될 수 있다는 사실을 깨달아야 한다. 여러분이 일하는 곳이 어디이고 직책이 무엇인지는 중요하지 않다.

단, 예술가가 되기 위해서는 여러분이 어렸을 때 세상을 보던 방식으로 세상을 바라보아야 한다. 처음에는 물구나무를 선 것처럼 어색할지도 모른다. 그래도 괜찮다. 잠들어 있는 우리 자신을 흔들어 깨울 필요가 있다.

러시아 문학의 거장 레프 톨스토이(Leo Tolstoy)는 '싫증'을 '욕구를 위한 욕구'라고 묘사했다. 싫증에는 싫증을 털어내고 싶어 못 견디는 마음이 남아 있다는 것을 표현하고 있으니 톨스토이의 묘사는 참으로 적절하다는 생각이 든다. 싫증이 나서 견딜 수 없는 여러분의 마음 상태를 무시해서는 안 된다. 싫증 또한 여러분 안에서 생겨난 새로운 자극이다. 이러한 자극은 여러분의 어린 시절을 되찾을 수 있는 기회이고 창의력이라는 새로운 세계로 데려가 줄 통로다. 즉, 자극을 통해 혁신적인 해결책을 발견하고 더 큰 성공을 향해 나아갈 수 있다. 에드가 리 매스터스(Edgar Lee Masters)는 자신의 책《스푼 리버 앤솔로지(Spoon River Anthology)》에서 인생을 다음과 같이 정의했다.

인생 자체에 의미를 부여하면 열정은 사라진다. 하지만 의미 없는 인생 또한 끝없는 고문과 같다. 인생이란 늘 바다를 갈구하지만 두려워하는 배와 같다.

여러분 안의 예술가를 되찾고 싶다면 여러분 자신이 누구인지부터 정확하게 깨달아야 한다. "나는 기계가 아니다."라고 한 소설가 데이비드 허버트 로렌스(D. H. Lawrence)의 말처럼 여러분도 기계가 아니다. 여러분은 정해져 있는 답보다 훨씬 더 풍성한 것을 창조해낼 수 있는 능력을 지닌 존재다. 그런데도 아마 여러분은 굉장히 오랫동안 정해진 방식대로만 행동했고, 남과 다르고 예술적이고 창의적이고 괴짜 같은 행동을 하는 건 바보 같은 짓이라고 생각해왔을 것이다.

몇 년 전, 노스 페이스(North Face)의 광고 한 편이 업계에서 큰 화제가 된 적이 있다.

사무실에서 나는 살아 있지 않았다.

택시 안에서도 살아 있지 않았다.

길을 걸으면서도 살아 있지 않았다.

혹시 여러분의 이야기라고 느껴지는가? 혹은 여러분의 마음이 찔리는 말이 있는가?

결코 탐험을 멈추지 마라.

이것이 바로 내가 여러분에게 던져줄 도전 과제이기도 하다. 시인 겸 극작가 토머스 스턴스 엘리엇(T. S. Eliot)은 "우리는 탐험을 그만두면 안 된다."라고 말했다. 여러분은 지금 잠시 탐험을 멈춘 상태이다. 어쩌면 그 기간이 꽤 길었을 수도 있다. 하지만 지금부터 다시 탐험을 떠나야 하며 절대로 멈추지 않아야 한다.

많은 사람이 탐험을 떠나거나 무언가를 새롭게 발견하려면 반드시 숲이나 산, 또는 외국으로 나가야만 한다고 잘못 생각하고 있다. 물론 색다르고 멋진 곳에 간다면 우리 안의 잠재력을 끌어낼 가능성이 높아지는 것은 사실이다. 하지만 우리 안에 있는 예술가와 함께라면 그곳이 어디이든 색다르고 멋진 곳이 될 수 있다. 여러분의 직장조차 말이다.

베스트셀러 작가인 다니엘 핑크(Daniel Pink)는 다음과 같은 글을 쓴 바 있다.

미래는 사고방식이 독특한 사람들의 것이다. 좌뇌의 지배를 받으면서 위기에 처하게 된 정보화 시대는 이제 우뇌를 적극 활용하는 창의적인 세상에 길을 내어주게 될 것이다.

그 미래가 바로 지금이며 사고방식이 독특한 사람들은 바로 예술가이다. 그런데 내가 만났던 예술가들은 모두 훌륭한 재주가 있지만 자신의 예술성이 세상에서 빛을 발하게 할 전략을 갖추지 못했었다. 그렇다. 나와 다니엘 핑크가 말하는 예술가란 우뇌에서 순수한 창의력을 꺼내되 전략이 필요한 시점을 정확히 아는 사람들을 말한다. 창의력과 전략이 조화를 이루면 엄청난 힘을 발휘한다. 그리고 여러분에게는 그렇게 할 수 있는 능력이 있다.

> **creative note**
>
> 예술가야말로 혁신적인 창조력을 가진 사람들이다. 스스로를 예술가라고 생각하는가? 나이나 타고난 재능에 상관없이 누구나 예술가가 될 수 있다는 사실을 깨달아야 한다. 여러분에게는 그럴 능력이 있다. 나아가 창의력과 전략을 조화롭게 사용하는 예술가가 될 수 있다면 엄청난 힘을 발휘하게 될 것이다.

두 번째 강의

———

# 나는 왜 이 일을 하는가

# 창의력은 신념에서 나온다

　　데이브 기본스(Dave Gibbons) 목사는 교회 사업계에
서 자신만의 독특한 방식으로 성공의 표본이 된 인물이다. 2011년
〈OC 위클리(OC Weekly)〉의 기사에서 미셸 우(Michelle Woo)는 2005년
에 자신의 집 거실에서 데이브 기본스 목사와 신도 일곱 명이 시작한
작디작은 교회가 지금은 굉장히 빠르게 성장하고 있는 교회 중 한 곳
이 되었다고 언급했다. 주인공인 뉴송 교회(Newsong Church)는 남부
캘리포니아에서 차세대 사업형 교회로 뜨고 있었다. 그리고 그즈음
에 데이브 기본스 목사에게 어떤 변화가 일어나기 시작했다.

　　데이브 기본스 목사는 2005년 부활절 기념 예배에서 무대 뒤에 앉
아 자신의 설교 차례를 기다리고 있었다. 레이저 조명이 현란하게 움
직이는 무대 위에서 한 남자 가수가 전자기타를 치며 크리드(Creed)

의 「만약에(What if)」를 부르고 있었다. 신도들은 화려한 무대에 푹 빠져있었다. 하지만 그 모든 광경을 지켜보던 데이브 기본스 목사의 마음에 불쑥 이상한 감정이 들었다. 그것은 바로 환멸감이었다. 갑자기 그는 지난 10년간 온 힘을 쏟아온 자신의 목회 생활에 대해 회의감이 들었다.

'신도들의 흥미를 끌기 위한 예배가 무슨 의미가 있을까?'

'이것이 진정으로 내가 원하던 교회의 모습인가?'

코스타메사(Costa Mesa)의 갈보리 교회(Calvary Chapel)나 가든 그로브(Garden Grove)의 수정 교회(Crystal Cathedral) 등의 기업형 교회가 성공적인 교회 모델이었다. 모델이 있으니 이정표도 찾기 쉬웠다. 후발 주자로 출발한 데이브 기본스 목사는 그들의 길을 따라가기만 하면 됐다. 그는 40대 초반에 다채로운 예배 드리기, 헌금 백만 달러 달성, 매주일 록스타 공연이라는 교회의 목표를 모두 이루어냈고, 뉴송 교회는 계속해서 성장하고 있었다. 그에게는 앞으로 더 성장할 일만 남아 있었다.

하지만 그는 더 이상 성공이 문제가 아니라는 생각이 들었다. 그는 자신이 죽으면 당연히 천국에 갈 거라고 믿어왔다. 그런데 그럴 수 없을 것 같다는 두려움을 느끼는 자신의 모습을 보게 되었다. 천국에 가는 나중 일은 일단 접어둔다 하더라도 자신이 어쩌다 신념과 전혀 어울리지 않는 방향으로 흘러왔는지 이해할 수가 없었다.

초창기 시절에 데이브 기본스 목사는 교회가 모든 신도를 먼저 섬

겨야 한다고 생각했다. 하지만 지금은 자신이 교회의 우두머리로서 이 넓은 공간을 가득 메운 사람들을 즐겁게 해주겠다는 생각에 집중하고 있었다. 한 사람 한 사람의 상황에 신경 쓸 여력은 아예 없었다. 처음과 비교했을 때 무언가가 달라진 것은 분명했다.

그동안 그에게 무슨 일이 있었던 걸까? 과연 어디서부터 길을 잃은 것일까?

### 미래를 바꾸는 황금 열쇠

누구나 한 번쯤 인생에서 환멸감을 느낄 수 있다. 많은 기업이 과거에 가장 우수한 결과를 낸 해결 방식을 성공 방식이라 여겨 우리에게도 이전의 체계에 따라 업무를 추진하도록 강요한다. 자신의 업무 진행 방식을 스스로 선택할 수 있는 기회가 거의 없으니 한 번쯤 환멸감을 겪는 것이 어쩌면 당연하다.

그렇게 우리는 창의력과 멀어지면서 자연스럽게 능력 없는 직원이 되어간다. 그리고 만족하지 못한 채 성공하거나 원하는 것을 이루지 못하는 것에 대해 환멸을 느끼며 실패하게 된다.

데이브 기본스 목사처럼 자신이 원한 것과 동떨어진 길을 가면 성공을 거둘 수 있다 해도 행복하지 않다. 월간 경제 매거진 〈아인앤씨 (Inc.)〉에 실린 제러미 퀴트너(Jeremy Quittner)의 기사에 따르면 1,500여 명의 직장인을 대상으로 한 설문조사에서 업무에 완전히 몰입하고 있다고 응답한 사람은 3분의 1도 되지 않았다. 개인에게도 씁쓸한 결과이긴 하지만 좋은 업무 환경을 만들어 보겠다고 애썼던 기업과 경영진들의 노력이 물거품이 되었다는 사실을 보여주는 결과이기도 하다.

그렇다고 해서 여러분의 운명이 암울하게 결정되었다는 뜻은 아니다. 희망을 버리기엔 아직 이르다. 이와 비슷한 내용의 설문조사 대부분이 직장인들의 현재 상황을 보여주었을 뿐 앞으로 어디로 향해야 할지에 대해서는 말해주지 않았다. 여러분의 미래를 바꿀 수 있는 열쇠는 바로 신념이다. 신념으로부터 뿜어져 나오는 열정이 여러분에게 훌륭한 아이디어와 놀라운 집중력을 주는 최고의 자극제가 되어줄 것이다.

### 지금 앉아 있는 그 책상에서 다시 시작하라

데이브 기본스 목사의 이야기는 우리가 신념에 따라 일해야 하는 이유와 업무 진행 방식을 구체적으로 설정할 때 우리의 삶에 어떤 일이 일어나는지 자세히 보여준다.

화려한 부활절 예배를 드린 지 일주일 후, 데이브 기본스 목사는 자신의 마음에서 생겨나는 새로운 변화들과 차분하게 대면하는 시간을 가졌다. 그는 더 이상 지금 하고 있는 일을 하고 싶지 않았다. 그래서 마음을 정리하고 기도한 뒤에 얻은 결론을 신도들에게 털어놓아야겠다고 생각했다. 얼마 후 그는 일을 그만두겠다고 했다. 그의 선언으로 교회 전체가 충격에 빠졌지만 교회를 개척할 때부터 함께했던 한 여성 신도는 그가 단순히 지쳤거나 중년의 위기를 맞아 그런 선언을 한 것이 아니라고 생각했다. 그녀는 데이브 기본스 목사에게 태국으로 가서 새로운 교회를 세우는 게 어떻겠냐고 제안했다. 데이브 기본스 목사는 그녀의 제안이 자신에게 환멸감을 떨치고 마음을 가다듬을 수 있는 좋은 기회가 될 수도 있겠다고 느꼈다. 문화권이 전혀 다른 곳으로 가면 자신 내면의 문제를 객관적으로 더 잘 들여다볼 수 있을 것 같았다.

그렇다면 데이브 기본스 목사에게 왜 이런 일이 생긴 것일까? 그것은 그가 따른 것이 스스로가 쓴 성공의 대본이 아니었기 때문이다. 20년 전에 교회 업계가 정해놓은 성공 원칙을 데이브 기본스 목사와 신도들이 조금 더 보강했을 뿐이다. 그 안에 과연 창의성이 있었는가? 데이브 기본스 목사의 교회에만 해당하는 어떤 특별한 방식이 있었는가?

물론 뉴송 교회를 통해 영감을 받은 사람도 있었으니 교회 자체가 무의미하다고 평가할 필요는 없다. 하지만 데이브 기본스 목사는 더 이상 그런 목회를 할 수 없다고 스스로 판단한 것이다.

업계에 따라 개인이 슈퍼스타가 되는 것을 성공이라 여길 수도 있고, 회사가 업계 최고가 되는 것을 성공이라 여길 수도 있다. 교회 업계의 성공 기준은 신도의 수였다. 신도의 수가 많아지면 교회의 수입도 증가한다는 사실은 반박할 수 없다. 하지만 그는 교회가 개인의 필요를 채우는 수준을 넘어 문화적 역할까지 해야 한다고 생각했기 때문에 '사람을 끌어들여 교회를 키워라!'라는 목표에 동의할 수 없었다. 그는 다음과 같이 자신의 의견을 밝혔다.

"넬슨 만델라(Nelson Mandela), 존 레넌(John Lennon), 테레사(Teresa) 수녀처럼 진정으로 훌륭하다고 평할 수 있는 사람들은 교회가 지나치게 작위적이고 판에 박혀 있다는 이유로 교회에 거부감을 느낍니다. 이런 인물 한 사람, 한 사람을 교회가 진심으로 대한다면 그들은 미래에 대중을 움직이는 견인차 역할을 할 것입니다."

데이브 기본스 목사의 신념은 2005년 당시 교회 업계가 추구하는 성공의 기준과 방향이 완전히 달랐다. 하지만 결국 그의 생각이 다른 목사들에게도 영향을 미쳤고 다른 업계까지 옮겨갔다. 태국에서 시간을 보낸 후 뉴송 교회로 돌아온 그는 예전과 다르게 개인에게 집중하는 목회 방식을 택했다. 그는 신도들에게 주일 예배 자체보다 평일에 교회 밖에서 도움이 필요한 이웃들을 돌보는 데 힘을 쏟겠다는 새로운 계획을 밝혔다. 몇 주 만에 기존 방식을 원했던 전체 신도의 30퍼센트 가량이 교회를 떠났다. 하지만 그는 아랑곳하지 않고 자신의 소신대로 밀고 나갔다. 뉴송 교회는 더 이상 한 가지 접근 방식으로만 신도들을 대하는 기업형 교회가 아니었다. 실질적인 도움을 통해 지역 사회 구성원들을 사랑으로 돌보고 멕시코, 영국, 인도까지 뻗어나가 다민족을 아우르는 전 세계적 공동체로 탈바꿈했다.

현재 데이브 기본스 목사는 전 세계를 돌아다니며 여러 교회와 지역 사회를 돕고 리더십에 대한 교육을 하고 있다. 매주 일요일에는 예전과 다름없이 예배를 진행한다. 또한 개인적 차원에서 끝나는 것이 아니라 주변 사람들과 자신이 가진 것을 나눌 인재를 육성하는 단체 '질로츠(Xealots)'를 운영하는 데 집중하고 있다. 그는 여전히 목사이지만 자신의 신념을 재발견함으로써 자신은 물론, 전 세계 많은 사람에게 큰 도움을 주고 있다. 대형 교회에서 대규모 예배를 이끄는 목사 대신 신도 한 사람의 마음을 움직일 수 있는 목사가 된 것이다.

이처럼 환멸감을 느끼거나 길을 잘못 들었다는 생각이 들 때도 여전히 희망은 있다. 자신이 믿고 따르고 싶은 신념이 무엇인지 다시 한 번 살핀다면 데이브 기본스 목사가 그랬던 것처럼 여러분도 밝은 미래를 맞을 수 있다.

처음부터 다시 시작하겠다고 해외로 떠나거나 새로운 직장을 구하지 않아도 된다. 바로 지금, 여러분이 앉아 있는 책상에서 회사를 위해 할 수 있는 일들이 무엇인지 살펴보라.

> **creative note**
> 자신의 일에 회의감을 느끼고 있지는 않은가? 일상에 진심으로 만족하며 살고 있는가? 현재보다 더 생기 있는 미래를 맞이하기 위해서는 자신만의 강한 신념을 가져야 한다. 신념으로부터 뿜어져 나오는 열정이 훌륭한 아이디어와 놀라운 집중력을 주는 최고의 자극제가 되어줄 것이다. 더불어 일상의 행복까지 되찾을 수 있을 것이다.

## 나를 살아 있게 하는 일은 무엇인가

강한 신념을 가진 사람들에게는 분명 사람의 눈길을 사로잡는 무언가가 있다. 다만 모든 존재를 일반화시키려는 사회 분위기 때문에 그런 사람들이 많지 않다고 느끼는 것뿐이다. 우리에게 내재되어 있는 논리적 사고는 우리가 손해를 보거나 당황할 만한 상황을 피할 수 있도록 방어기제를 작동시키고, 언제 어디서나 원칙과 규범에 순응하도록 만든다. 이때 우뇌의 통찰력이 발휘되지 않는다면 기업에서의 개인은 점차 만들라고 하는 것만 만드는 기계 부품으로 전락하고 만다.

논리적 사고야말로 아이와 부모가 닮고 하버드 졸업생과 예일대 졸업생이 비슷한 생각을 하게 하는 주범이다. 논리적 체계는 예측 가능성을 높여주기 때문에 일을 안전하게 진행해 나갈 수 있는 탄탄한 기반을 제공해준다. 하지만 아무런 저항 없이 논리적 체계를 따르기만 한다면 절대로 개인이 성장할 수 없다.

그런데 대부분의 사람은 자신이 논리적 체계만 따르고 있다는 사실을 극도의 싫증이나 회의감을 느낄 때가 되어서야 깨닫는다. 혹은 오랫동안 체계 위주로 살다보니 자신이 회의감을 느끼고 있다는 사실조차도 깨닫지 못한다. 나의 경험이 여기에 딱 맞는 예가 될 수 있겠다.

나는 10년 가까이 다양한 전문가들을 위해 홍보 대행 업무를 했다. 그런데 개인의 다양한 개성을 홍보하는 일을 하면서도 정작 나 자신은 흔하디흔한 직장인이 되어가고 있었다. 나를 나답게 만들어주었던 예술가의 모습은 어느새 완전히 사라져 있었다.

짜릿하고 획기적인 아이디어를 떠올리던 또 다른 나는 숨이 막혀 죽기 일보 직전이었다. 나는 '내 안에서 솟아나는 기발한 생각과 신념을 진심으로 받아들이고 따를 것인가?'와 '일하면서 만들어진 에릭 월(Erik Wahl)로 되돌아갈 것인가?'의 갈림길에 서 있었다. 나는 전자를 택했다. 그 선택을 실천하기가 쉽지는 않았지만 마음을 바꾼 첫날부터 예전보다 훨씬 더 강력한 삶의 생동감을 느낄 수 있었다. 식당 냅킨에 새롭게 떠오르는 아이디어들을 끄적거리면서도 내가 살아 있음을 느꼈다.

여러분도 내가 그랬던 것처럼 삶의 활기를 되찾을 수 있다. 하지만 그러기 위해서는 먼저 자신의 신념이 무엇인지 정확하게 파악해야 한다. 그리고 자신이 진정으로 원하는 것이 무엇인지를 솔직하게 인정해야 한다.

**creative note** 오랫동안 고집해온 나만의 체계나 기준이 있는가? 그것이 무엇인가? 그 기준 때문에 그때그때 내가 바라고 원하는 것들을 포기하고 있지는 않은가? 내가 원하는 방향이 무엇인지 찾고, 솔직하게 인정해야 한다. 그 때부터 활기찬 인생이 시작된다는 것을 기억하라.

## 나의 행동은 나의 신념을 정말로 드러내고 있는가

만약 자신의 업무가 자신의 신념과 완전히 반대에 있다고 여겨진 다면 일단 한 걸음 물러서서 얼마나 멀리 잘못 갔는지, 그 일 대신 할 수 있는 다른 일이 무엇인지 생각해보라. 더 이상 머뭇거리지 마라. 최대한 빨리 움직여야 진정한 당신의 모습을 되찾을 수 있다.

그 정도로 심각한 상태는 아니거나 자신의 업무가 싫지도, 좋지도 않은 어정쩡한 상태라면 일을 그만두거나 어디론가 떠나지 않아도 잠재력을 되찾을 방법이 있다. 지금 당장 스스로에게 '체포된다면' 어떻게 할지를 물어보라. 그러면 지금 내가 어떤 상태이고 앞으로 어떻게 해야 할지를 분명하게 파악할 수 있다.

오늘 밤 두 명의 FBI 요원이 체포 영장을 들고 찾아와 여러분을 감옥으로 끌고 간다고 상상해보라. 일주일도 지나지 않아 여러분은 판사, 배심원, 변호사와 한 공간에 앉아 있을 것이다. 갑자기 판사가 자리에서 일어나라고 명령한다. 그리고 판사는 여러분이 매일 저질렀던 범죄들을 읊어나가기 시작한다.

여러분이 자신의 일상을 스스로 되돌아볼 때 매일 저질렀던 범죄에는 어떤 것들이 있는가? 법정에서 여러분은 어떤 죄명을 선고받게 될까? 여러분이 저지른 불법 행위를 고백하라는 뜻은 아니다. 또 고백할 거리도 없길 바란다. 어떤 습관적인 행동들을 해왔는지 묻는 것이다. 평소에 어떻게 했느냐에 따라서 여러분은 주기만 하는 사람, 받기만 하는 사람, 열심히 일만 하는 사람, 태만한 사람, 혁신적인 사람,

핑계가 많은 사람 등으로 평가받을 것이다. 여러분이 일상에서 가장 자주 하는 행동은 무엇인가? 그 행동이 여러분의 진짜 모습임을 검사 측에 증명할 충분한 증거가 있는가?

우리는 자신의 모습을 실제보다 부풀려 생각하는 경향이 있다. 스스로에 대한 불만족 때문에 생기는 대응기제(대처하기 어려운 위협, 도전, 위험 등에 처해 있을 때 이에 대처하는 생리적, 심리적, 사회적 수준에서의 반응 양식-옮긴이)가 발동되었기 때문이다. 하지만 이런 사고방식은 진정한 자신의 모습을 되찾는 데 도움이 되지 않는다. 만약 여러분의 동료가 배심원이 되어 평소 여러분의 모습을 평가한다면 그들이 가장 먼저 쓸 세 가지 특성은 무엇인가?

여러분은 자신만의 신념을 갖고 있는가? 평소 여러분의 행동이 그 신념을 분명하게 드러내고 있는가? 회사에서 일하는 여러분의 모습이 진짜 자신의 모습이 맞는가?

아리스토텔레스(Aristotle)는 이런 말을 했다.

"우리가 반복적으로 하는 행동이 바로 우리 자신이다. 그렇다면 탁월함은 특정한 행동이 아니라 습관이다."

성공하기 위해서는 반드시 올바른 습관이 필요하다. 따라서 여러분은 올바른 행동을 꾸준하게 실천하도록 노력해야 한다.

인간의 정체성에 대해 논하는 명언은 거의 없다. 그런데 그중에서 아리스토텔레스의 '우리가 반복적으로 하는 행동이 바로 우리 자신'이라는 표현은 드물게 인간의 정체성을 정의하고 있다. 그것이 훌륭하든 그렇지 않든 우리가 반복적으로 하는 행동이 우리의 정체성을 결정한다. 그리고 남들과 다른 자신만의 정체성이야말로 오늘날의 세상이 우리에게 절실하게 원하는 것이다.

디지털 시대 이전에는 주변 사람들과 몇 년 이상 교류하면서 한 말과 행동으로 자신에 대한 평가를 받을 수 있었다. 하지만 요즘은 소셜 미디어를 통해 드러나는 자신의 모습이 진짜 자신의 모습이라고 생각하는 경향이 있다. 소셜 미디어에서는 신념이 없는 사람도 얼마든지 자신이 강한 신념을 가진 사람인 것처럼 꾸며낼 수 있는데 말이다.

유명하든 그렇지 않든 많은 사람이 소셜 미디어를 통해 자신의 이야기를 다른 사람들에게 알리려고 애쓰는 이유가 무엇인지에 대해 생각해보라. 사실 그들 대부분은 자신의 내면부터 살펴봐야 한다. 다른 사람의 신념을 가면처럼 뒤집어 쓰기만 했지 자신의 신념을 살펴본 적은 한 번도 없을 것이다.

그렇다면 스스로가 그럴듯하게 폼만 잡고 있는 사람인지 아니면 진정으로 강한 신념을 가진 사람인지 어떻게 확인해 볼 수 있을까?

첫째, 여러분의 친구들을 배심원이라 생각하고 그들이 평가한 자신의 모습과 스스로 들여다 본 자신의 모습 간의 차이에 대해 살펴보라. 스스로 다른 사람에게 봉사하는 것을 인생의 신념으로 삼았다고 생각했는데 친구들은 당신에게 이기적인 사람이라고 평가하지는 않는가?

둘째, 여러분이 신념을 지녔다고 생각하는 어떤 사람의 모습을 자세히 관찰하라. 객관적으로 그 사람과 내가 비슷한 점이 있는가?

## 열심히 일하라는 좌뇌의 명령, 깨어 있으라는 우뇌의 명령

월터 베란(Walter Beran)이라는 인물에 대해 잠시 살펴보자. 1926년, 월터 베란은 텍사스 중부의 독일 이민자 가정에서 4형제 가운데 막내로 태어났다. 겨우 18개월 때 아버지를 여읜 그는 한 푼이라도 더 벌기 위해 형들을 따라 목화솜을 따러 다닐 정도로 무척 가난하게 자랐다. 하지만 그는 단 한 번도 자신의 상황을 한탄하지 않고 열심히 살아갔다.

월터 베란은 열일곱 살이 되자 군에 입대했고 곧 동료들과 함께 유럽 지역으로 파병되었다. 입대한 지 1년도 채 지나지 않은 1944년 크리스마스 이브에 그는 미국 해군 전함인 레오폴드빌(Leopoldvill) 호에서 자고 있다가 독일 잠수함의 공격을 받았다. 그날 밤 8백 명이 넘는 동료들이 목숨을 잃었지만 그는 기적적으로 목숨을 구할 수 있었다. 월터 베란은 의식을 잃은 채 얼음장 같은 영국해협에서 고개만 내놓고 표류하다가 항구에서 전함의 잔해를 발견하고 다가온 프랑스 예인선 선장의 눈에 띄어 구조되었다. 크리스마스 당일 아침에 프랑스의 어느 병원에서 깨어난 그는 닷새를 더 병원에 머물렀다.

다행히 몇 달 후에 전쟁이 끝나 월터 베란과 남아 있던 연합군들은 일상으로 되돌아왔다. 월터 베란은 텍사스로 돌아와 대학에 입학했고 곧 아내 아네트(Annette)를 만났다. 그리고 당시 이름이 에른스트 앤 에른스트(Ernst&Ernst)였다가 나중에 에른스트 앤 영(Ernst&Young)으로 바뀐 회사에서 회계사로 일을 시작했다. 근면함과 기회를 절대 놓치지 않는 적극적인 태도로 그는 최고의 자리로 성큼성큼 다가갔고, 마침내 국제적 회계법인 에른스트 앤 영의 부사장이 되었다. 월터 베란은 지금까지도 에른스트 앤 영이 미국 회계 업계의 4대 기업으로 성장하는 데 매우 중요한 역할을 한 사람으로 손꼽힌다.

월터 베란의 친구와 동료들은 하나같이 그가 보기 드물게 인격이 훌륭하고 신념이 강한 사람이었다고 평가한다. 그리고 강한 신념이 있었기 때문에 일본과 미국의 비즈니스의 물꼬를 틀 수 있었다고 말한다. 전쟁터에서 일본군에 의해 동료를 잃은 어느 미군의 마음이 어떨지 생각해보라. 그는 그런 마음에 대한 책임감을 느끼고 두 국가 사이에 다리를 놓기 위해 노력했다. 월터 베란은 미국과 일본의 관련 사안에 관해 레이건(Regan) 대통령에게 진심어린 조언을 할 수 있는 친구였고, 조지 부시(George Bush) 대통령은 아르코(ARCO) 사의 CEO인 로드 쿡(Lod Cook)과 일본을 방문할 때 그에게 회의에 동행해주기를 요청하기도 했다. 일본 천황 부부가 미국을 방문했을 때는 백악관에서 월터 베란에게 저녁 만찬에 초청할 손님 명단을 작성해 달라고 부탁했다.

그뿐만이 아니다. 도요타(Toyota)에서 렉서스(Lexus)라는 브랜드를 처음 미국 시장에 출시했을 때, 도요타가 가장 먼저 자동차 열쇠를 쥐어준 사람 역시 월터 베란이었다. 훌륭한 사람이었다는 친구들의 평가처럼 월터 베란은 에른스트 앤 영 사에서의 직위를 뛰어넘어 자신의 신념에 따라 올바르고 훌륭한 행동들을 하며 인생을 살았다.

그에게는 특별한 점이 한 가지 더 있었는데, 바로 아내에게 수도 없이 많은 편지를 썼다는 것이다. 월터 베란은 서른여덟 살이 되던 해에 출장으로 집을 비울 때마다 매일 밤 아내에게 편지를 쓰기로 마음먹었다. 일을 시작한 첫해부터 업무량이 꾸준히 늘더니 밖에서 대부분의 시간을 보내야 하는 날이 많아졌다. 매달 전국의 고객사를 방문해 상황을 점검해야 했기 때문이다. 일에 최선을 다하는 것은 월터 베란의 신념이자 기본 원칙이었다. 동시에 그는 아내가 자신에게 가장 중요한 존재이며 깊은 사랑을 아내에게 표현해야 한다는 신념도 가지고 있었다. 그가 아내에게 쓴 편지의 내용을 보면 그의 사랑이 잘 드러난다.

1964년 9월, 월터 베란은 자신의 집 샌 안토니오(San Antonio)에서 차로 네 시간 정도 떨어진 한 호텔에서 아내에게 첫 번째 편지를 썼다. 그리고 은퇴하기 2주 전인 1986년 9월 30일에 차로 이동하던 중에 마지막 편지를 썼다. 그는 직장생활을 하면서 매달 다섯 통꼴로 총 1,300여 통의 편지를 썼다. 이것이 그가 22년간 지켜온 또 하나의 신념이었다.

월터 베란은 열심히 일하라는 좌뇌의 명령과 일도 중요하지만 항

> 다른 사람을 감동시키고 싶다면 자신부터 먼저 감동해야 한다.
> ★장 프랑수아 밀레

상 깨어 있어야 한다는 우뇌의 명령을 모두 수용했다. 그는 회사가 주는 업무 지침을 잘 따라 우수한 직원이 된 것이 아니다. 그저 자신의 내면에 있는 강한 신념을 따라 인생이라는 큰 캔버스에 그림을 그렸다. 그의 삶을 통해 생동감 넘치는 인생이 무엇인지 깨닫고 우리도 그렇게 살기 위해 노력해야 한다.

> **creative note**
>
> 내가 요즘 가장 자주 하는 말과 행동은 무엇인가? 그 말과 행동이 나의 신념을 드러내는가? 또 주변 사람들은 내가 어떤 사람이라고 평가하는가? 내가 생각하는 나의 모습과 주변 사람들이 평가하는 나의 모습이 일치하는가? 만약 그렇지 않다면 진정으로 내가 원하고 따르고 싶은 가치가 무엇인지 다시 한 번 생각해보라.

### 진짜 신념을 가진 사람의 2가지 비밀

뛰어난 인권 지도자인 하워드 서먼(Howard Thurman)은 다음과 같이 말했다.

"세상에 무엇이 필요한지 고민하지 마라. 당신을 살아 있게 만드는 일이 무엇인지 고민하고 그 일을 해나가라. 세상이 필요로 하는 것은 바로 그런 사람들이다."

세상에서 가장 강력한 힘 중에 하나는 획일화를 추구하는 힘이다. 우리는 일에서도 성공하고 삶에서도 만족을 얻기 바라면서도 진짜 자신이 원하는 나만의 방향이 무엇인지에 대해서는 살피지 않는다.

월터 베란처럼 강한 신념을 가진 사람들이 여러분에게 순간적인 영감을 줄 수는 있지만 어떤 방향으로 가야할지 정확하게 가르쳐줄 수는 없다. 그들은 여러분이 아니므로 여러분이 진정으로 원하는 것이 무엇인지 모른다. 오직 여러분만이 자신이 살아 있다고 느끼는 순간이 언제인지 답할 수 있다.

### 첫 번째 비밀 ▶ 마음을 따르라

오즈월드 체임버스(Oswald Chambers)는 제1차 세계대전 당시 이집트 자이툰(Zeitoun)에 주둔한 오스트레일리아와 뉴질랜드 군인들을 위한 군목이었다. 체임버스 목사는 군인들과 함께한 몇 주 만에 그들이 당장의 전쟁이 눈에 들어오지 않을 만큼 관심을 갖는 것이 따로 있다는 사실을 알아차렸다. 바로 미래에 대한 고민이었다. 앞날이 창창한 젊은이들에게는 전쟁이 끝난 뒤 맞이할 미래에 대한 희망이 필요했다. 그들이 전쟁에 나가 싸우는 목적 또한 현재에서 벗어날 방법을 찾기 위해서였다. 어떻게 하면 신이 각자에게 원하는 삶의 길을 그들이 깨달을 수 있을까? 만약 그들이 그것을 깨달을 수만 있다면 눈앞의 전투를 치르는 데도 도움이 되었을 것이다.

오즈월드 체임버스는 젊은 군인들에게 연민의 정을 느꼈다. 하지만 사탕발림의 말을 하기에 그는 너무 올바른 사람이었다. 그는 군인들이 원하는 것처럼 행복하고, 성공하고, 전쟁에서 죽지 않는 핑크빛 미래가 보장되지 않는다는 사실을 잘 알고 있었다. 그래서 군인들에게 이렇게 조언했다.

"여러분의 인생에 대한 하나님의 뜻을 알고 싶다면 하나님이 여러분에게 명하시는 것을 행동으로 실천하세요."

우리는 이 말을 다음과 같이 해석하여 교훈을 얻을 수 있다.

'여러분이 바라는 인생을 살 방법을 알고 싶다면 지금 당장 자신의 마음을 따르라.'

정말 훌륭한 조언이 아닐 수 없다.

오늘날 우리는 신념을 하찮게 여기는 경향이 있다. 목표를 설정하는 데만 몇 시간, 며칠, 몇 주를 보내면서 기껏 세워둔 목표를 평소에 하던 행동들로 다시 흐릿하게 만들고 만다. 늘 말뿐이다.

가기 원하는 목적지까지 향하는 길은 우리의 신념에 따라 조금씩 변할 수 있다. 물론 우리의 신념이 우리를 어떤 길로 이끌고 갈지는 예상할 수 없을 때가 많다. 하지만 신념을 따라 행동하면 만족감을 느끼고 즐겁게 살 수 있는 것은 분명하다. 우리에게는 숲을 보지만 나무까지 놓치지 않는 사고방식이 반드시 필요하다.

좀 더 솔직하게 말해보자면 숲을 보는 눈은 생각만큼 별로 중요하지 않다. 오히려 나무를 보는 눈이 훨씬 더 중요하다. 숲이라는 큰 그림은 영감을 주지만 하루하루를 보여주는 나무가 모여야 큰 그림도 완성될 수 있다.

큰 목표를 세워 두었다고 큰 문제가 해결되는 것은 아니다. 또 큰 문제는 큰 행동 하나만으로 해결되지 않는다. 작은 행동이 쌓이고 쌓일 때 비로소 좋은 결과를 얻을 수 있다. 큰 문제를 해결하려면 작은 행동을 먼저 실천해야만 한다. 큰 꿈을 이루고 싶다면 사소하고 일상적인 신념에 따라 행동하는 것부터 시작하라.

예를 들어, 앞으로 누군가와 함께할 때는 '사람들이 바라는 나의 모습은 무엇일까?'가 아니라 '나는 어떤 사람이 되기를 진정으로 바라는가?'를 생각하고 행동하라.

### 두 번째 비밀 ▶ 공감을 얻어라

신념을 따라 일한다고 해서 항상 주변 사람들로부터 고립되는 것은 아니다. 여러 사람과 협력하여 함께 그 행동을 하면 된다. 다른 이들의 공감을 얻지 못하는 신념은 '강제'가 된다. 또 다른 이들의 뜻을 헤아리지 못하는 신념은 '독재'가 된다. 강제와 독재 중 어느 것도 시도하지 마라. 한 사람의 신념을 다른 이들에게 강요하는 것이 아니라 많은 사람이 같은 신념을 품고 움직일 때 가장 혁신적인 변화가 일어난다.

각자의 신념은 다양한 환경과 믿음을 바탕으로 형성된다. 그러나 신념이라는 것이 아주 특별한 것은 또 아니다. 저녁 식사는 꼭 가족과 함께하려고 일찍 퇴근하는 한 직원의 행동은 동료에게 아무리 일이 바쁘더라도 일요일 오전에는 할머니 댁에 들러야겠다는 생각을 할 수 있도록 영감을 준다. 가족을 우선시하는 어느 직원의 신념이 다른 사람과 공유된 것이다.

고위 간부 한 명이 자신의 실수를 솔직하게 인정한다면 머지않아 직원 수십 명이 뒤를 이어 자신의 실수를 고백하는 상황을 목격하게 될지도 모른다. 발전을 위해서는 정직해야 한다는 신념이 공유된 결과다. 이처럼 신념을 갖고 일하면 최고의 효율과 최고의 아이디어를 끌어낼 수 있음은 물론, 주변 사람들에게 좋은 자극을 줄 수 있다. 그러니 다른 사람들이 바라는 모습이 되려고 애쓰지 마라.

일하던 도중 열정이 생기는 어떤 것을 발견했는가? 다른 이들에게 '과해' 보일까봐 조바심 내면서 자신의 감정을 억누르지 마라. 모두에게 무례하게 대하는 동료 직원의 태도에 진저리를 치고 있는가? 그렇다면 한 걸음 나서서 흐름을 바꾸는 사람이 되어보라. 단호하면서도 예의를 갖추어서 동료 직원에게 맞서라. 여러분이 부당한 취급을 받았을 때 다른 누군가가 나서주었으면 하는 모습, 여러분 스스로가 그 모습이 되어라.

훌륭한 신념은 전파력이 매우 강하다. 또 신념은 위협으로 인지했던 사람을 내 편으로 바꾸어주기도 한다. 콜로라도(Colorado)주의 피트킨(Pitkin)이라는 마을에서 24년간 보안관으로 근무한 밥 브로디스(Bob Braudis)의 일화를 살펴보자.

데이비드 셰너(David Shaner)는 자신의 책《변화를 위한 일곱 가지 기술(The seven arts of change)》에서 밥 브로디스가 키가 195센티미터 정도로 아주 크고 단호한 인상을 가진 사람이었다고 묘사했다. 데이비드 셰너가 밥 브로디스 밑에서 보안관 대리로 일하던 시절이었다.

데이비드 셰너는 밥 브로디스를 만나자마자 그가 험상궂은 인상과 다르게 시민들을 반드시 보호해내겠다는 확고한 신념을 지닌 인정 넘치는 사람이라는 것을 알아봤다.

어느 날, 밥 브로디스는 순찰을 돌던 중 시내의 한 술집에서 총을 든 사내가 손님들을 인질로 잡고 있다는 다급한 신고 전화를 받았다. 그는 현장에 제일 먼저 도착해 상황을 파악한 다음 자신의 손에 총이 없다는 사실을 인질범에게 보여주면서 가게 쪽으로 다가갔다. 그는 문 앞에 서서 인질범에게 여러 가지 질문을 던지며 요즘 그가 어떤 문제를 겪고 있는지 알아내려고 애썼다. 마침내 그는 최근에 이혼한 인질범의 아내가 딸을 만나지 못하게 했으며, 그러던 중 우연히 식당에서 딸과 마주치자 누구도 자신에게서 딸을 다시 떼어놓을 수 없도록 총을 꺼내들었다는 사실을 알게 되었다.

인질범은 손님들을 해칠 의도가 전혀 없었다. 딸에 대한 사랑을 잘못된 방식으로 표현하는 바람에 이런 일이 발생한 것이다. 계속되는 대화를 통해 밥 브로디스의 진심을 느낀 인질범은 그를 식당 안으로 들어오게 했다. 밥 브로디스는 안으로 들어가 마음을 바꾸지 않으면 다시는 딸아이를 볼 수 없게 될 수도 있다고 인질범을 설득했다.

데이비드 셰너는 이렇게 설명했다.

밥 브로디스가 인질범이 느낀 분노에 공감한 덕분에 인질범을 잡을 수 있었다. 밥 브로디스는 인질범의 입장이 되어 그의 상황에 공감해주었

고 인질범은 밥 브로디스와 이야기를 나눌수록 분노가 점점 더 누그러
드는 것처럼 보였다. 인질범은 결국 총을 내려놓았다.

이 일화는 신념이 바르게 표현될 때와 잘못된 방식으로 표현될 때
어떤 차이가 있는지를 잘 보여준다. 자신의 인생보다 아이가 더 소중
한 것은 부모라면 누구나 지니고 있는 신념일 것이다. 그 신념이 인질
범에게도 있었다. 하지만 그는 자신의 신념 때문에 주변 사람들에게
나쁜 영향을 끼칠 수 있다는 사실을 잊고 말았다. 이러한 경우 신념
때문에 자신조차 위태로워질 수도 있다.

반면 밥 브로디스는 신념을 올바른 방식으로 표현하는 사람이었
다. 그는 어떤 상황에서도 자신이 다른 사람에게 영향을 끼칠 수 있다
는 것을 기억했고, 자신의 신념이 다른 사람에게 도움을 주고 긍정적
인 자극이 될 수 있도록 표현했다.

신념을 진정으로 강하게 만들어주는 힘은 결속력이다. 만약 여러
분이 하나의 이유, 하나의 생각, 하나의 해결책으로 다른 사람들을 결
속할 수 있다면 동료들에게 긍정적인 자극을 주는 차원을 넘어 회사
에서 없어서는 안 되는 리더가 될 수 있다.

신념을 가져라. 스스로 다른 사람에게 긍정의 기폭제가 되는 존재
가 되어라.

마음이 진정으로 원하는 방향을 따라 작은 것부터 실천하라. 그리고 나의 신념에 주변 사람들도 공감할 수 있도록 공유하라. 훌륭한 신념은 전파력이 강하다. 많은 사람이 같은 신념을 품고 움직일 때 가장 혁신적인 변화가 일어난다는 것을 기억하라. 하워드 서먼은 "세상에 무엇이 필요한지 고민하지 마라. 당신을 살아 있게 만드는 일이 무엇인지 고민하고 그 일을 해나가라. 세상이 필요로 하는 것은 바로 그런 사람들이다." 라고 말했다.

# 지킬 것을 찾으려면, 버리고 비워라

　　제2차 세계대전이 9개월째에 접어든 1940년 5월 10일에 영국 수상으로 취임한 윈스턴 처칠(Winston Churchill)은 당시 영국 사회의 심각성에 대해 잘 알고 있었다. 어떤 정책도 국민들에게 실질적인 도움을 줄 수 없는 상황이었다. 그는 취임 사흘 뒤 내각 각료들이 모인 자리에서 이렇게 말했다.

　　"내가 국민에게 드릴 수 있는 것은 피와 노고와 눈물과 땀밖에 없습니다."

　　같은 날 의회에서 있었던 수상 취임 첫 연설에서도 같은 말을 반복했다. 연설에서 쓸데없는 논쟁을 만들어내 시간을 낭비할 여유가 없었다. 흑색 비방은 물론 석학들의 의견을 인용할 시간도 없었다. 시급하게 해결해야 할 일이 무엇인지 파악하고, 그에 따라 방향을 설정하는 것만이 영국이 앞으로 나아갈 수 있는 길이었다.

　네 단락밖에 되지 않았던 짤막한 그의 연설은 그가 영국의 미래라는 캔버스에 어떤 그림을 그릴지를 확실하게 보여주었다. 당시 그의 연설을 간단히 요약하면 다음과 같다.

　　우리 앞에는 통탄할 만한 시련이 놓여 있습니다. 우리는 수개월째 투쟁과 고난을 겪고 있습니다. 여러분은 우리의 정책이 무엇이냐고 묻습니다. 저는 육지와 바다 그리고 하늘에서 우리의 온 힘과 하나님께서 허락하신 모든 힘을 다해 전쟁을 벌이는 것이라고 대답하겠습니다. 어둡고 비참한 역사에서도 유례 없었던 폭정에 맞서 싸울 것입니다. 그것이 바로 우리의 정책입니다. 여러분은 우리의 목표가 무엇이냐고 묻습니다. 저는 한마디로 대답하겠습니다. 승리입니다. 어떤 희생을 치르든, 어떤 공포가 닥치든 그리고 그 길이 아무리 길고 험난하든 우리는 승리해야 합니다. 승리 없이는 생존도 없기 때문입니다.

　그는 불가피하다면 기꺼이 목숨까지 내놓겠다고 하면서 그가 추구하는 핵심 목표를 분명하게 밝혔다. 여러분 역시 자신의 잠재력을 깨우고 싶다면 자신에게 중요한 의미를 갖는 것이 무엇이고, 버려야 할 것은 무엇인지 스스로 밝혀내야 한다.

## 남겨야 할 것, 버려야 할 것

가장 중요하면서도 대답하기 어려운 질문이 바로 '나는 왜 이 일을 하는가?'이다. 여러분은 반드시 이 질문에 대답해야만 한다. 아니면 회사가 여러분 대신 답을 내놓을 것이기 때문이다.

내가 만나온 수천 명의 전문가는 대부분 훌륭한 목표를 가지고 남들보다 열심히 살아왔다. 그들은 창의력을 되찾으면 자신이 어떻게 달라질지 분명하게 알고 있었기 때문에 진심으로 자신의 잠들어 있는 창의력을 깨우기 원했다. 하지만 영감이 부족했다. 개인적으로 영감을 받지 못한다면 그 이상 발전할 수 없었다.

회사의 성공이 개인에게 일하는 원동력이 될 수도 있다. 하지만 만약 개인의 목표와 회사의 목표가 일치하지 않는다면 회사를 위해 일하는 것만으로는 개인이 절대로 만족감을 느낄 수 없다. 따라서 반드시 자신이 원하는 목표를 향해 일하고, 그 결과가 자연스럽게 회사에도 이익이 되는 방법을 찾아내야 한다. 그 반대가 되어서는 안 된다.

업무를 진행할 때는 좀 더 개인적인 영감과 동기가 필요하다. CEO가 아니고서야 자신이 회사에서 반드시 이루고 싶은 다섯 가지 일 중에 '연간 매출액 달성' 같은 것이 들어가지는 않을 것이다.

그런데도 우리는 자신이 원하는 것이 무엇인지 알아내려고 하지 않는다. 그러다보니 회사의 수익 창출이나 훌륭한 제안서를 목표로 삼고 일할 수밖에 없다. 물론 그것도 중요하긴 하지만 개인에게 근본적인 원동력이 되어주지 못할뿐더러 목숨까지 바칠 정도로 중요하지도 않다.

사실 혁신을 위한 가장 좋은 자극을 찾으려면 회사 일은 모두 잊고 자신의 깊은 마음속을 들여다보아야 한다. 그리고 나중에 커서 무엇이 될지를 상상하던 순수한 때로 되돌아가야만 한다. 여러분은 그 시절의 꿈이 무엇인지 기억하는가?

베스트셀러 작가인 토드 던컨(Todd Duncan)은 자신의 책《타임 트랩(Time Traps)》에서 이렇게 언급했다.

> 어릴 적 우리는 야구선수, 발레리나, 의사, 간호사, 변호사, 교사처럼 막연히 무언가가 되고 싶어했다. 그리고 10대로 접어들면서 좀 더 구체적인 어떤 존재가 되고 싶어했다. 그때 우리는 보잘 것 없는 학생이 었기 때문에 어떤 일을 하는 것을 꿈꾸기보다 사람들에게 인정받을 수 있는 존재가 되기를 꿈꿨다. 하지만 우리는 고등학교를 졸업하면서 '하고 싶은 어떤 것'과 '되고 싶은 어떤 존재'를 하나로 통합해버렸다. 그 결과가 바로 직업이다.

토드 던컨은 우리가 직업을 자신의 정체성보다 중요하게 여기다가 급기야는 직업 자체가 우리의 정체성이 되어버렸다고 말한다. 사람들은 중요한 업무를 성공적으로 해내고 돈을 버는 동안 자신의 정체성을 잃고 시들어간다. 그리고 나중에는 자신이 무엇이 되고 싶었고 무엇을 하고 싶었는지 기억조차 하지 못한다.

> 잃을 수
> 없는 것을
> 지키기 위해
> 얻을 수
> 없는 것을
> 버려라.
> ★짐 엘리엇

여러분이 가장 소중하게 여기는 것이 무엇인지 주기적으로 스스로에게 상기시켜야 한다. 업무에 치인 채 사는 것이 아니라 여러분이 진정으로 원하는 것을 따라 살아야 한다. 여러분에게 진정으로 소중한 일은 무엇인가?

언젠가 윈스턴 처칠은 일을 해야 좀 더 나은 사람이 될 수 있다는 말을 한 적이 있다. 그리고 스스로 일의 방향을 먼저 결정한 후에 일이 우리를 결정짓도록 해야 한다고 강조했다. 하지만 우리는 일의 부정적인 측면에 대해 훨씬 더 많이 알고 있다. 우리는 우리가 원하던 사람이 되기 위해서 이 일을 선택했지만 일은 우리가 이 일을 선택한 적 없었다고 생각하도록 만든다. 아무것도 스스로 결정하지 못한 채 일이 우리가 갈 방향을 결정지어 버리기 때문에 생기는 일이다. 그나마 일이 결정지은 방향이 나쁜 쪽인 경우가 더 많다.

지금 여러분이 몸담은 여정이 좋은 쪽이든 나쁜 쪽이든 이미 일이 여러분을 결정지은 상황에서 벗어날 수 없다. 알 지니(Al Gini)는 자신의 책 《일이란 무엇인가(My work, My self)》에서 이렇게 말했다.

일은 삶의 중심이며 우리 자신과 삶의 모습에 지대한 영향을 미친다. 일은 단순한 돈벌이 수단이 아니라 우리가 몸담을 곳이 있다는 의미다. 또 일은 삶과 자아 발전에 대단히 중요한 역할을 하기 때문에 '특정 업무나 프로젝트를 달성하기 위해 지력과 체력을 사용하는 것'이라고 간단히 정의할 수도 없다. 일은 수입을 가져다주는 수단이며, 정체성을 규정짓는 도구이고, 남들의 눈에 자신이 어떤 사람으로 비칠 것인가를 결정한다.

우리가 하는 일 자체가 곧 우리 자신인 것이다. 우리의 일이 우리의 정체성을 나타낸다는 것은 무슨 의미인가?

만약 현재 하고 있는 일의 정체성이 여러분 마음에 들지 않는다면 일이 여러분의 정체성을 독단적으로 결정한 것이라고 할 수 있다. 반면 일에서 진정으로 영감을 받고 있는 경우라면 일이 여러분의 정체성을 규정하는 과정에 여러분이 적극적으로 참여한 셈이다. 이 두 갈림길에서 어떤 쪽으로 향할지는 일의 종류가 아니라 일의 목적에 따라 결정된다.

왜 이 일을 하느냐는 질문을 받으면 건성으로 대답하는 사람도 있을 것이고 진심으로 대답하는 사람도 있을 것이다. 대부분은 '생활비를 벌려고' 또는 '먹고살려고'라는 전형적인 대답을 한다. 이러한 대답도 어느 정도 맞긴 하다.

그렇지만 이 두 가지의 대답이 일을 하는 근본적인 목적은 될 수 없다. 우리 안의 잠재력을 불러일으킬 영감을 전혀 주지 못하고, 다른 모든 것을 기꺼이 버릴 만한 가치가 없기 때문이다. 물론 사람이라면 누구나 생활비를 벌어야 하고, 먹고살아야 한다. 그렇지만 여러분이 끼니나 공공요금 걱정 때문에 잠을 못 이루지는 않는다. 그런 것들은 일기장에 적어두거나 지갑 안에 소중하게 간직해둘 만한 꿈이 아니기 때문이다.

그렇다면 혁신에 불씨가 될 만한 일의 목적이란 무엇일까? 나는 대답할 수 없다. 여러분이 스스로 대답해야만 한다. 앞에서 "세상에 무엇이 필요한지 고민하지 마라. 당신을 살아 있게 만드는 일이 무엇인지 고민하고 그 일을 해나가라. 세상이 필요로 하는 것은 바로 그런 사람들이다."라는 하워드 서먼의 말을 언급했다. 이 말을 조금만 바꾸면 이렇게 해석할 수도 있다.

'회사에 무엇이 필요한지 고민하지 마라. 당신을 살아 있게 만드는 일이 무엇인지 고민하고, 그 일을 해나가라. 회사가 필요로 하는 것은 바로 그런 사람들이다.'

여러분이 무슨 일을 하고 있든지 그 일을 왜 하고 있는지 깨달아야 여러분 안의 예술가가 깨어날 수 있다. 그리고 여러분이 수행하고 있는 업무가 더욱 다채로운 빛깔을 띠게 될 것이다.

> **creative note**
>
> 나는 왜 이 일을 하는가? 반드시 스스로 이 질문에 대답해야 한다. 개인의 목표와 회사의 목표가 일치하지 않는다면 회사를 위해 일하는 것만으로는 개인이 절대로 만족감을 느낄 수 없다. 따라서 반드시 자신이 원하는 목표를 향해 일하고, 그 결과가 자연스럽게 회사에도 이익이 되는 방법을 찾아내야 한다. 그 반대가 되어서는 안 된다.

## 혁신과 창조의 크기는 얼마나 버리느냐에 따라 결정된다

우리는 매일 무언가를 버려야 한다. 그리고 무언가를 버리는 것은 화가가 캔버스에 붓질 한 번을 해나가는 일과 같다. 일단 캔버스에 물감이 묻으면 이전 상태로 되돌릴 수 없다. 여러 차례의 붓질이 모여 그림을 완성시킨다.

여러분의 붓질은 모여서 어떤 그림을 이루어가고 있는가? 우울한 푸른빛인가? 희망에 가득 찬 분홍빛인가? 아니면 여러분의 진정한 모습처럼 오색찬란한 빛인가?

여러분의 일상적인 업무도 큰 그림을 완성해가는 일과 같다. 여러분의 그림은 가족, 친구, 동료들의 마음에 걸릴 만큼 특별한 그림인가? 아니면 1년에 만 개도 넘게 복제되어서 전국의 사무실 복도마다 걸리지 않은 곳이 없을 만큼 흔한 그림인가?

현재 여러분의 그림이 어떤지는 상관없이 이제부터라도 회사가 여러분이 붓질을 어떻게 할지 결정짓도록 내버려두지 마라. 여러분이 어디에 어떻게 붓질을 할지 결정해야만 한다. 여러분의 시각으로 그림을 그려라. 스스로 색을 선택하라. 다른 무엇보다 여러분의 마음이 원하는 대로 그림을 그려라. 여러분의 마음이 움직여야 다른 사람의 마음도 움직일 수 있다. 모든 사람이 여러분과 똑같은 데 관심이 있기 때문이 아니다. 이 세상 모든 사람은 누군가의 열정에 반응하기 때문이다.

시인이자 농부였던 웬들 베리(Wendell Berry)는 이런 말을 했다.

"모든 일은 고되고 힘들다. 문제는 의미가 있느냐 없느냐에 있다."

의미가 있다고 생각하는 것 외의 것을 얼마나 버리느냐에 따라 일에서 어느 정도의 혁신을 이룰 수 있는지가 결정된다. 하지만 물물교환처럼 버린 만큼 얻으려고 해서는 안 된다. 진정한 버림은 거래가 아니다. 순수하게 버리는 것이고, 소모하는 것이며, 아낌없이 쏟아내는 것이다. 버림의 결과는 우리가 알 수도 없고 제어할 수도 없다. 하지만 기름진 땅에 물을 주듯 열정적으로 버리면 우리 안의 영감이 조금씩 성장해나가는 것은 분명하다.

이 말이 무슨 의미인지 좀 더 살펴보자.

텍사스 출신의 블레이크 마이코스키(Blake Mycoskie)는 2006년에 아르헨티나의 어느 오지 마을을 여행하다가 그곳 아이들 대부분이 신발을 살 형편이 되지 않는다는 사실을 알게 되었다. 걷는 것 말고는 다른 이동수단이 없었기 때문에 많은 아이가 이산화규소 함량이 높은 땅을 맨발로 걸어 다니다가 발이 붓고 거대해지는 상피병(podoconiosis)에 걸려 고통을 겪고 있었다. 상피병에 걸린 아이들은 학교도 가지 못하고 친구들과 놀지도 못한 채 집 안에만 갇혀 지냈다. 가장 안타까운 것은 상피병이 백 퍼센트 예방 가능한 질병이라는 점이었다. 블레이크 마이코스키는 이 문제에 대한 해결책을 찾는 데 몰두했다.

그는 미국으로 돌아와 자신이 운영하던 온라인 운전면허 교육 회사를 정리하고 신발을 생산하는 새로운 회사를 차렸다. 그리고 오래전부터 농부들이 신었던 아르헨티나의 전통 신발, 알파르가타(alpargata)를 바탕으로 단순한 모양의 신발을 디자인하고, 신발 한 켤레를 팔 때마다 또 다른 신발 한 켤레를 오지 마을의 가난한 아이들에게 선물하기로 했다. 아이들에게 신발을 보내기 위해서는 생산 비용은 물론 보관과 운반을 위한 비용이 추가로 발생했다. 하지만 그에게는 더 많은 수익을 내는 것보다 오지 마을 아이들의 삶이 바뀌는 것이 더 중요했다.

그는 이후 자신이 만든 신발에 '탐스(TOMS)'라는 이름을 붙이고 미국에도 진출했다. 반응은 폭발적이었다. 몇 달 만에 탐스에 관한 이야기가 널리 퍼졌고, 사람들은 앞다투어 블레이크 마이코스키의 신발을 한 켤레씩 구입하기 시작했다. 사람들이 탐스를 산 것은 그것이 세상에서 가장 예쁜 신발이기 때문이 아니다. 사람들은 그가 그려낸 열정적이고 헌신적인 그림에 감동했다. 또 그가 기꺼이 버린 것들에 감동했다.

탐스는 사업을 시작한 첫해부터 지금까지 제품의 종류와 생산량이 폭발적으로 늘어났지만 초기의 진정성 있는 목표는 무너뜨리지 않고 있다. 현재까지 탐스가 아이들에게 기부한 신발은 백만 켤레가 넘는다. 탐스는 지난 10년간 가장 혁신적인 성장을 이뤄낸 회사 중 하나로 손꼽히고 있다. 블레이크 마이코스키는 진정한 버림에 관한 메시지를 담은 책《탐스 스토리(Start something that matters)》를 펴내기도 했다.

당장 시작하라. 그리고 시작하려는 일이 자신에게 진정으로 소중한 일인지를 확인하라. 여러분은 매일 무언가를 버려야 한다. 예를 들면 확신하고 있는 무언가를 버려보라. 그리고 하루라는 캔버스를 여러분의 마음과 영혼을 숨김없이 드러내 줄 색으로 채워라.

여러분이 중요하게 여기는 것 중에서 반드시 버려야 할 네 가지는 다음과 같다.

### 첫 번째 비밀 ▶ 인정받고픈 욕구를 버려라

기업 세계에서는 다른 사람으로부터 받는 인정이 대단히 중요한 가치를 지닌다. 개인의 브랜드와 기업의 브랜드를 잘 알리는 것이 곧 기업 세계로 깊숙하게 진입할 수 있는 훌륭한 전략이기 때문이다. 대부분의 사람은 진짜 자신이 누구인지 이야기하는 것이 아니라 소비자나 동료가 원하는 자신의 모습에 대해서만 이야기한다. 반면 성공한 사업가들은 자신만의 확고한 신념이 있었고, 그 신념을 바탕에 둔 행동을 함으로써 자연스럽게 사람들에게 알려졌다. 사람들은 그들이 끊임없이 버리는 모습을 보면서 그들이 진정으로 소중하게 여기는 것이 무엇인지를 알게 되었다.

요즘 잘나가는 개인 또는 기업의 브랜드들도 마찬가지다. 이러한 브랜드들은 사람들에게 나를 제발 알아봐달라고 간청하지 않았다. 열정에 따른 행동을 보고 사람들이 그 브랜드들을 먼저 알아봤다.

회사에서 자신을 드러내고 싶은 욕구를 억누르기란 매우 어렵다. 누구나 자신이 좋은 아이디어를 내놓은 것을 상사가 알아주기 바라고, 자신이 이뤄낸 성공을 많은 사람이 알아주기 원한다. 타인의 인정을 받지 못하면 보상을 받지 못한다는 두려움도 있다. 막상 그 보상은 승진이나 상사의 수고했다는 말 한 마디에 불과한데도 말이다. 하지만 진정한 버림의 의미는 남에게 보여주는 데 있는 것이 아니라 버리는 행동 그 자체에 있다. 잠언에 이르기를 '타인이 너를 칭찬하게 하고 네 입으로는 하지 마라.'라고 했다.

> 간단한 것을 복잡하게 하면 평범함이고, 복잡한 것을 간단하게 하면 창의력이다.
> ★찰스 밍거스

확신에 찬 어떤 말보다 끊임없는 실천이 훨씬 더 큰 호소력을 지니고, 열정은 자신을 알리려는 다른 어떤 수단보다 훨씬 더 강력하다. 하지만 설사 그렇지 않다 해도 버림을 통해 여러분은 순수한 마음과 영혼의 평화를 얻을 수 있다. 지금까지 여러분이 무슨 일을 하고 어떤 사람으로 살아왔는지 스스로 깨닫는 일이 누군가가 여러분을 인정해주는 것보다 훨씬 더 가치 있는 일이다.

순수한 열정을 품은 사람이 되어라. 그리고 인정받고자 하는 마음을 버려라. 대신 일상이라는 거울을 스스로 자주 들여다보라.

**두 번째 비밀** ▶ 라벨을 버려라

예술은 나의 주요 활동 영역이고 내가 사람들에게 인정받을 수 있는 수단이다. 나는 그림을 그릴 때 가장 편안하다. 그것은 내가 관객들에게 선보일 수 있는 일이며, 예술을 통해 다른 분야들을 이해하기도 한다. 하지만 나는 항상 예술가라는 라벨에 묶이지 않으려고 노력한다. 오늘날은 라벨이 곧 사회적 지위를 의미하기 때문이다. 그런데 바로 이 라벨이 사람들을 규칙에 얽매이도록 만든다.

변호사, 의사, 공화당원, 민주당원, 낙태 반대론자, 낙태 찬성론자, 기독교인, 유대인, 천주교인, 무신론자 등의 라벨을 붙여 스스로를 한정지으면 그때부터 그 테두리를 벗어나기가 힘들어진다. 자신과 비슷한 라벨을 지닌 사람들과 비슷한 그림을 그려야 한다고 생각하기 때문이다.

라벨은 여러분을 제한할 수도 있다. 고작 손에 책을 들고 있는 겉모습만으로도 이전에는 전혀 없던 책벌레라는 라벨이 여러분에게 붙여질 수도 있다는 것을 기억해야 한다.

나는 여러분이 자신이 예술가라는 사실을 깨닫기를 바라는 동시에 우리 모두가 예술가라는 사실도 깨닫기를 바란다. 내가 아는 한 좌뇌만 가진 사람은 단 한 명도 없다. 우리 모두는 예술가가 될 수 있는 능력을 가지고 있다. 그래서 '예술가'라는 라벨은 라벨이라고 할 수 없다. 라벨이라기보다는 '인간' 같은 말처럼 그저 모든 사람을 하나로 묶어주는 역할을 할 뿐이다. 중요한 것은 협력과 열정이다.

협력과 열정을 유지하면서 라벨과 규칙을 버린다면 여러분에게는 모든 분야의 새로운 가능성이 열릴 것이다. 팻 틸먼(Pat Tillman)의 이야기를 그 대표적인 예로 들 수 있다.

9·11 테러의 여파로 전 세계가 충격에 휩싸인 때였다. 당시 명성이 자자했던 프로 미식축구 선수 팻 틸먼은 군대에 입대하기 위해 수백만 달러를 제시한 애리조나 카디널스(Arizona Cardinals)와의 계약을 고사하면서 프로 운동선수라는 라벨을 기꺼이 버렸다. 그는 2002년 6월에 육군에 입대했고, 그 이후 진급해 2003년에 육군 특전사 대원이 되었다. 그러나 1년 후 안타깝게도 아프가니스탄에서 아군의 총에 맞아 사망하고 말았다.

자신의 소중한 신념을 위해 부와 명예를 기꺼이 버리고 죽은 팻 틸먼의 이야기는 우리에게 생각할 거리를 던져준다. 특히 우리가 알아야 할 것은 팻 틸먼이 지키고 싶어했던 신념이 전쟁이 아니라는 점이다. 진주만 전쟁 생존자의 손자였던 그의 신념은 가족과 친구들이 목숨을 바쳐 싸운 국가를 위해 의무를 다하는 것이었다. 그것이 바로 수백만 달러를 포기하고 가족과 친구들의 만류를 뿌리치면서까지 전쟁터로 나간 이유였다.

팻 틸먼은 라벨을 중요하게 생각하지 않았던 사람이었음이 분명하다. 절친한 친구이자 이전 소속 팀의 동료이기도 한 제이크 플러머(Jake Plummer)는 팻 틸먼에 대해 이렇게 말했다.

"내 주변 사람 중에 가장 생각이 자유로운 친구였다. 그는 사물을 보는 관점이 남달랐으며, 무척 특별했다."

팻 틸먼은 자신만의 그림을 그리기 위해 기꺼이 모든 것을 버렸다.

링컨 기념관 계단에서 있었던 마틴 루터 킹(Martin Luther King)의 연설 중에서 대중에게 가장 잘 알려진 대목은 '나에게는 꿈이 있습니다.'라는 부분이다. 하지만 〈타임즈(Time)〉는 다음 대목을 가장 중요하다고 꼽았다.

> 우리는 '바로 지금'이라고 하는 이 순간의 긴박성을 미국인들에게 일깨우기 위해 이 자리에 모였습니다. 우선 냉정함을 되찾으라는 사치스러운 말을 들을 여유도, 점진주의라는 이름의 진정제를 먹을 시간도 없습니다. 지금 이 순간이 민주주의라는 약속을 실현할 때입니다.

'지금 이 순간'이라는 말은 세상에서 가장 강력한 말 중에 하나이다. 한편으로는 다른 계획을 세울 여지를 주지 않으므로 무서운 말이기도 하다. 하지만 지금 이 순간은 우리가 유일하게 제어할 수 있는 시간을 나타내기도 한다. 과거는 이미 되돌릴 수 없는 시간이다. 그리고 미래는 확실히 보장할 수 없는 시간이다. 오늘의 마지막 순간조차도 어떻게 될지 우리는 확실히 알 수 없다. 지금 여러분에게는 이 책을 손에 들고 있는 지금 이 순간이 있다. 여러분은 지금 이 순간을 진부한 순간으로 만들 수도 있다. 아니면 지금 이 순간을 기계적이었던 틀을 깨고 발전할 순간으로 활용할 수도 있다.

지금 이 순간 여러분이 하는 행동이 여러분이 할 수 있는 모든 것이다. 지금 이 순간을 자신에게 가장 소중한 신념에 쏟아라. 지금 이 순간을 여러분 안에 있는 예술가에게 버려라.

**네 번째 비밀** ▷ 결과는 잊어라, 과정을 즐겨라

〈포브스(Forbes)〉지의 기고자인 스티븐 코틀러(Steven Kotler)는 아인슈타인의 인생에는 모순이 가득했다고 말한다. 예를 들어, 아인슈타인은 배를 타는 것은 굉장히 즐겼지만 수영은 전혀 할 줄 몰랐다고 한다. 그는 아인슈타인에 대해 이렇게 묘사했다.

> 아인슈타인은 불필요한 위험을 스스로 자초하는 삶을 살았다. 나소 포인트(Nassau Point)에서 여름을 보내던 시기에 아인슈타인이 순전히 재미 를 위해 아무것도 모르는 몇몇 과학자를 배에 태운 채 폭풍우 속으로 뛰어들었다는 소문이 돌기도 했다.

스티븐 코틀러는 아인슈타인의 사례를 통해 버리는 행위와 창의력 사이에는 긴밀한 관계가 있다고 주장했다. 그는 자신이 궁금한 것을 발견하기 위해 안정성을 아낌없이 버렸다.

기업 세계에서는 지난 수십 년 동안 '끝을 염두에 두고 시작하라.'라는 말을 불문율로 여겨왔다. 하지만 이것이 정말로 적절한 조언일까? 아니다. 지나치게 일의 결과에만 초점을 맞추면 일을 진행하는 과정에서 발생하는 즐거움을 볼 수 있는 시각을 잃게 된다. 우리가 자

동차 여행을 할 때도 이와 비슷한 일이 발생한다. 우리는 다음 목적지까지 이동하는 데에만 집중하느라 무조건 가속 페달만 밟지는 않는가? 그리고 모든 일이 다 지나간 후에야 여행의 즐거움을 놓쳤다는 사실을 깨닫지는 않는가? 가던 도중에 여기가 유타(Utah)주 한가운데쯤이라는 사실만 깨달았어도 차를 몰고 가는 길이 훨씬 더 재미있게 느껴졌을 것이다.

'인생은 당신이 다른 계획을 세우느라 바쁠 때 일어나는 것이다.'

존 레넌의 노래 가사 중 일부다. 매일 업무를 진행하는 과정 자체를 즐겨라. 다른 이들과의 관계는 물론 일상적인 업무에서 이전에는 몰랐던 즐거움, 모험, 장점을 찾아 음미하라. 그러면 업무 성과는 매달 저절로 높아질 것이다.

> **creative note**
>
> 내가 진정으로 소중하게 여기는 것이 무엇인가? 그것을 제외하고는 매일 무언가를 버려야 한다. 그래야 자유롭게 창의력을 발휘할 수 있다. 특히 우리가 중요하게 여기는 것 중에서 반드시 버려야 할 네 가지는 다음과 같다. 인정받고자 하는 욕구를 버려라. 라벨을 버려라. 지금 이 순간을 버려라. 결과를 버려라.

### 예술가가 되려면 결코 멈춰서는 안 되는 것

우리는 행동보다 말이 앞설 때가 많다. 자신만의 방식이 단단하게 뿌리를 내린 상황에 안정감을 느낄수록 그것들을 기꺼이 버리고 나서기가 쉽지는 않을 것이다. 판에 박힌 일상에 찾아오는 변화에 위기감을 느끼거나 자신의 미래에 대해 냉소적이 될 경우 창의력을 발휘할 가능성은 더 낮아진다. 나이 든 사람들은 이 부분에서 어려움을 겪는다. 하지만 스스로 주의를 기울이지 않는다면 젊은 사람들도 충분히 나이 든 사람처럼 생각하고 행동할 수 있다. 다음은 유명 작가 아나이스 닌(Anaïs Nin)이 열일곱 패기에 찬 나이에 버리는 것의 어려움에 대해 쓴 글이다.

융통성이라고는 찾아볼 수 없는 사람들이 나이 든 사람들이다. 그들은 호기심, 위험, 탐험 같은 말을 머릿속에서 모두 지워버린 것 같다. 당신은 당신에게 버릴 것이 무척 많다는 것과 버리면 버릴수록 진정한 자신의 모습을 발견하게 된다는 사실을 아직 모른다. 나는 당신이 무슨 일이 생길 때마다 꿈을 하나씩 포기하면서 공허함을 느낀다는 사실이 무척 놀랍다. 당신은 떠오르는 생각이나 감정을 두려워할 필요가 없고, 망설이거나 계산하지 않아도 된다.

탁월한 창의력은 버려야 발휘될 수 있다. 버림은 자신의 정체성과 자신에게 가장 소중한 것이 무엇인지를 깨닫는 것, 그리고 이 두 가지 깨달음을 바탕으로 모든 것을 쏟아부을 만한 가치가 있는 무언가를 만들어내는 데에서 시작한다. 그리고나서는 텅 빈 배가 되어 풍부한 감정, 경험, 교훈들을 채워야 한다. 그러면 여러분은 다시 모든 것을 쏟아낼 만큼 소중한 일을 또 한 번 만들어낼 수 있다. 채워 넣고 다시 쏟아내는 과정은 여러분이 예술가가 되려면 결코 멈춰서는 안 될 행위이다. 그리고 늘 용기를 잃지 말아야 한다. 용기와 버림이 여러분에게 빛나는 성과를 선사할 것이다.

누군가에게 영원히 간직될 만큼 가치 있는 작품이 소심함과 욕심에서부터 탄생할 수는 없다. 진정한 자신의 모습이 되려면 대담해져라. 그리고 매일 자신의 모든 것을 버릴 수 있도록 용기를 내라.

# 다르게 보거나, 다른 것을 보라

세상 모든 사람에게는 나란 존재가 이 세상에 단 하나뿐이라는 엄청난 장점 하나씩이 있다. 세상 어디에도 여러분의 경험과 기질, 재주, 개성, 외모를 똑같이 가진 사람은 없다. '자신이 된다'는 것은 거울 속에 보이는 나 자신에게서 벗어날 수 없다는 뜻이다. 또 '자신이 된다'는 것은 자신만의 독특한 방식으로 '행동'하는 것이다. 따라서 우리는 우리의 강력한 장점을 지켜내기 위해 다른 이들과 같아지려는 힘에 맞서 싸워야 하는 것이다.

### 독창성을 지키기 위해 싸워야 할 것들

1950년대 스워스모어(Swarthmore) 대학의 심리학자였던 솔로몬 애시(Solomon Asch)는 실험을 통해 인간이 피어 프레셔(peer pressure,

동료 집단으로부터 받는 사회적 압박을 뜻하는 심리학 용어 - 옮긴이)를 받으면 자신의 뜻을 꺾고 다수의 뜻에 동조하게 된다는 놀라운 결과를 얻어냈다. 이 실험 결과를 통해 우리는 독창성을 유지하기 위해 우리가 맞서 싸워야 할 대상이 무엇인지 알 수 있다.

솔로몬 애시는 실험에 참가한 학생들을 6~8명씩 몇 개의 그룹으로 나누고 그들에게 시력 검사를 할 거라고 말했다. 하지만 실제로는 시력 검사가 아니었다. 각 그룹에 속한 학생들 가운데 한 사람을 제외한 나머지는 모두 공모자로서 솔로몬 애시에게 사전에 실험에서 오답을 말하도록 지시를 받은 상태였다.

실험은 각 그룹의 학생들이 한 탁자에 모여 앉거나 두 줄로 늘어선 테이블에 솔로몬 애시를 바라보고 앉는 것으로 시작되었다. 솔로몬 애시는 왼쪽에는 세로 직선이 하나 있고, 오른쪽에는 A, B, C 세 개의 직선이 있는 그림을 학생들에게 보여주었다. 오른쪽에 있는 세 개의 직선 중 단 하나의 직선만 왼쪽에 있는 직선과 길이가 같았다.

솔로몬 애시는 학생들에게 한 사람씩 오른쪽에 있는 세 개의 직선 중에서 왼쪽 직선과 길이가 같은 것을 고르라고 말했다. 너무 쉬운 문제였다. 사전에 협의가 된 학생들이 먼저 모두 대답하고 실험 대상자가 가장 마지막에 대답하도록 했다. 두 번째 실험까지는 공모자들이 모두 정답을 말했고 실험 대상자도 그에 따랐다. 하지만 솔로몬 애시는 세 번째 실험에서 변수를 준비해놓았다.

세 번째 실험에서는 공모자들에게 모두 오답을 고르라고 미리 지시해둔 것이다. 하지만 솔로몬 애시는 문제가 너무 쉽기 때문에 아무리 모두가 오답을 외친다 해도 실험 대상자가 영향을 받지 않을 것이라 생각했다. 공모자들은 자신 있게 오답을 외쳤다. 그리고 솔로몬 애시의 예상은 완전히 빗나갔다.

솔로몬 애시는 여러 그룹에게 같은 실험을 123차례 반복해서 실시했다. 그리고 실험 대상자의 25퍼센트만 어떤 경우에도 집단의 오답에 동조하지 않았다는 결과를 얻었다. 믿을 수 없을 정도로 낮은 비율이었다. 실험 대상자의 75퍼센트가 적어도 한 번은 집단구성원의 오답에 동조했으며, 평균 37퍼센트가 오답에 동조한 것이었다. 다시 말해 전체 실험 대상자의 3분의 1 이상이 오답이 확실한데도 다수의 의견에 동조했다.

실험 대상자의 시력이 나쁘거나 선이 너무 얇아서 결과가 이렇게 나온 것은 아닌지 확인하기 위해 솔로몬 애시는 다시 실험 대상자들을 불러 공모자들이 없는 곳에서 같은 실험을 했다. 이번에는 정답을 큰소리로 말하지 않고 종이에 적어내도록 했다. 그러자 실험 대상자의 98퍼센트가 정답을 골랐다. 이전 실험에서 오답을 고른 것은 다른 사람들과 뜻을 일치시키고 싶은 욕구에서 나온 행동이었음을 보여주는 결과였다.

마지막으로 솔로몬 애시는 각 집단의 공모자 수가 실험 대상자가 동조하는 데 미치는 영향에 대해 연구해보기로 했다. 오답을 말하는 사람이 한 명일 때는 실험 대상자의 대답에 전혀 영향을 미치지 못했

> 당신을
> 그대로
> 드러낸다면,
> 그것이
> 바로
> 독창성이다.
> ★마크 뉴슨

다. 두 명일 때도 그 영향은 미미했다. 하지만 세 명 이상이 되자 영향력이 훨씬 더 커졌다. '세 겹으로 꼰 줄은 쉽게 끊어지지 않는다.'라는 속담이 떠오르는 대목이다.

실험 종료 후 있었던 개별 인터뷰에서 실험 대상자들에게 오답을 고른 이유에 대해 묻자 4분의 1 정도는 피어 프레셔를 받아서 고른 대답이라는 것을 인정했다. 하지만 대부분의 실험 대상자는 자신도 왜 그랬는지 확실하게 모르겠다고 답했다. 사실 그들 중 대다수가 자신이 오답을 골랐다는 사실 자체를 인식하지 못했다.

우리는 정말로 자신이 다수의 뜻에 동조하고 있는지조차 인식하지 못할 만큼 무지한 것일까? 여러분은 정말로 여러분이 자신만의 목소리를 따르지 못하고 타인에게서 울려 퍼지는 메아리를 선택하고 있다는 사실을 인식하지 못하는가?

### 거짓을 보게 하는 집단의 힘

우리가 실제로 겪게 되는 업무 환경은 솔로몬 애시의 실험 조건보다 훨씬 더 빡빡하고, 스트레스 요인도 많다. 물론 다수의 뜻에 동조해야 한다는 부담도 훨씬 더 크다. 그래서 처음부터 눈에 보이는 결과에 사로잡히게 되거나 다른 사람들의 행동을 눈치껏 따르는 것이 합리적인 선택이라고 여기게 되는 경우가 많다.

그러나 기존의 규정을 따르기만 해서는 해결책을 찾을 수 없는 과제를 만난다면 어떻게 해야 할까? 새로운 마케팅 전략을 짜서 임원 회의에 참석하라는 지시를 받는다면? 판매 과정을 간소화하고 간접 제조비를 절감하라는 지시를 받는다면? 다음 분기 계획 수립 회의를 주관하라는 요청을 받는다면?

물론 이미 실행되었던 방식에 대한 데이터를 모아 눈앞에 닥친 문제들을 해결할 수 있을지도 모른다. 하지만 이런 식으로는 여러분이 회사에 꼭 필요한 인재가 될 수 없다. 자신의 일상에도 큰 의미를 찾을 수 없다.

업무를 성공적으로 수행하고 일상에서 의미를 찾기 위해서는 자신만의 특별한 붓으로 그림을 그려야 한다. 자신의 특성과 신념이 여러분의 붓이라 할 수 있다. 이것이 독창성의 핵심이다.

우리가 다수의 뜻에 저항하는 것을 힘들다고 느끼는 이유는 무엇일까? 그것은 바로 인간의 보편적인 감정이라 할 수 있는 두려움 때문이다. 거절에 대한 두려움, 외면에 대한 두려움, 실패에 대한 두려움을 범인으로 지목할 수 있다. 그런데 독창성을 해치는 데는 두려움 뿐 아니라 잘못된 인식도 큰 몫을 한다. 사실 여러분과 나에게는 사물을 있는 그대로 보지 않고 원하는 대로 보는 굉장한 능력이 있다.

에모리(Emory) 대학의 신경과학자인 그레고리 번스(Gregory Berns) 박사는 2005년에 연구팀과 함께 직선 대신 입체 도형을 이용해서 1950년 솔로몬 애시의 실험을 그대로 재현했다. 실험 목표는 물론 실험 방법도 그때와 똑같았다. 한 가지 보완된 부분은 실험 대상자의 뇌가 실제로 어떻게 반응하는지 알아보고 다수의 뜻에 동조하는 원인을 밝혀내기 위해 MRI를 이용한 검사를 한 점이었다.

그레고리 번스의 실험에서도 솔로몬 애시의 실험 때처럼 공모자들의 오답에 동조하는 비율이 놀라울 정도로 높았다. 실험 대상자들이 자신이 다수의 오답에 동조한 이유를 정확하게 설명하지 못한 것도 그때와 똑같았다. 대부분의 실험 대상자는 그 이유가 피어 프레셔와 관련이 있는 것 같다고 했지만 꼭 그것이 주된 이유라고 생각하지는 않았다.

그런데 MRI 촬영 결과가 아주 흥미로운 사실을 말해주었다. 결과는 어땠을까?

스티븐 코틀러가 〈사이컬러지 투데이(Psychology Today)〉에 실은 '창의력: 비밀 뒤에 숨은 비밀(Creativity: The Secret Behind the Secret)'이라는 제목의 기사를 살펴보면 MRI 촬영 결과가 어땠는지 더 자세히 알 수 있다.

실험 대상자들이 입체 도형을 들여다보는 동안에는 뇌의 시각 담당 영역이 활성화되었다. 이는 누구나 예상할 수 있는 당연한 사실이었다. 그런데 실험 대상자들이 다수의 뜻에 동조할 때는 완전히 다른 현상이 나타났다. 이전까지만 해도 희미한 빛을 띠던 두정엽 부위가 크리스마스 트리에 달린 전구처럼 엄청나게 반짝였다.

그레고리 번스는 자신의 책 《상식파괴자(Iconoclast)》에서 실험 대상자들이 다수의 오답에 동조할 때 뇌에서 일어난 '활발한 작용'에 대해 설명한다. 다수가 선택한 오답은 실험 대상자가 눈으로 직접 본 원래의 그림을 밀어내고 허상을 보게 만들었다. 결국 실험 대상자들은 자신이 인지한 사실을 완전히 무시하고 다른 사람들의 의견이 맞다고 생각을 바꾼 것이다.

스티븐 코틀러는 다음과 같이 기술했다.

> 그레고리 번스의 실험을 통해 다수의 뜻에 동조하는 것은 지각능력이 왜곡되어 발생하는 현상이라는 사실을 알 수 있다. 인간의 뇌가 다수의 뜻에 동조하지 않은 후에 발생할 두려움에 겁을 먹고 완전히 '잘못된' 자료를 보여준 것이다.

실제로 다수의 뜻에 따라야 한다는 압박은 독자적인 사고를 하려는 뇌의 능력을 저하시킬 수 있을 정도로 매우 강력하다. 그렇다면 독창적으로 행동하는 것은 일단 제쳐두고 독창적으로 생각할 수 있는 방법에 대해서라도 알아보자. 우리가 독창적인 생각을 하기 위해 어리석은 뇌의 영향력을 극복할 수 있는 방법은 무엇일까?

낯짝이 두꺼운 사람이 되거나 남들과 다른 의견을 주장하는 용기 있는 개인이 될 수도 있겠지만 그게 그렇게 간단하지는 않다. 독창성을 발휘할 수 있는 가장 쉬운 방법은 어떤 사물을 남들과 다른 방식으로 보거나 아예 다른 사물을 보는 것이다. 프랑스의 소설가 마르셀 프루스트(Marcel Proust)는 "창의성은 새로운 풍경이 아니라 새로운 시각을 찾는 여정이다."라고 말했다.

사실 독창적이고 혁신적인 발전은 우리에게 익숙한 환경에서는 좀처럼 일어나지 않는다. 익숙한 환경이란 선입견이 있는 사람과 장소, 현재의 지식이 닿을 수 있는 모든 것을 포함한다.

**creative note**

일하다가 다른 사람들과 의견이 다를 때 나는 어떻게 하는가? 눈치를 보면서 무조건 다수의 뜻을 따르지는 않는가? 두려워하지 마라. 업무를 성공적으로 수행하고 일상에서 의미를 찾기 위해서는 자신만의 특별한 붓으로 그림을 그려야 한다. 자신의 특성과 신념이 자신만의 붓이라 할 수 있다. 이것이 독창성의 핵심이다.

## 지금 알고 있는 규칙을 뒤집어보라

그레고리 번스는 《상식파괴자》에서 유리 공예가 데일 치훌리(Dale Chihuly)라는 인물을 소개했다. 현재 데일 치훌리가 직접 만든 그릇은 아주 작은 것도 2천 달러가 넘고 라스베이거스(Las Vegas)의 벨라지오(Bellagio) 호텔에 전시된 작품처럼 웅장한 설치 미술 작품일 경우에는 그 가치가 백만 달러를 훨씬 뛰어넘는다. 데일 치훌리는 독창성을 발휘하기 위해 반드시 갖추어야 할 태도가 무엇인지를 자신의 경험을 통해 우리에게 잘 보여준다. 이야기는 1970년대로 거슬러 올라간다.

베네치아(Venice) 사람들이 맨 처음 입으로 공기를 불어 유리병을

두 번째 강의_나는 왜 이 일을 하는가

만드는 기술을 개발했던 13세기 경부터 6백 년이 지났지만 여전히 완벽하게 대칭되는 작품을 만드는 유리 공예가가 훌륭한 기술을 가진 것으로 평가되던 때였다. 원형도 완벽한 대칭을 이루고 타원형도 완벽한 대칭을 이뤄야 했다. 그 외의 어떤 모양의 작품이든 완벽한 균형이 최우선이었다. 그레고리 번스는 이렇게 설명했다.

이러한 기준에 맞지 않는 작품을 만든다는 것은 상상조차 할 수 없는 일이었다. 완벽한 대칭을 이루지 못한 꽃병은 초보들이나 만드는 것이었다.

데일 치훌리도 당연히 대칭과 균형이라는 기준에 따라 작품을 만들었다. 데일 치훌리가 작품에 독특한 시도를 전혀 하지 않은 것은 아니었다. 로드 아일랜드 디자인 스쿨(Rhode Island School of Design)에 다닐 때 나바호(Navajo) 인디언 고유의 문양을 유리 공예에 접목해보려고 애를 썼지만 성공하지는 못했다. 유리를 다루는 도구로 모양을 잡으려니 균형을 잡기조차 힘들었다. 그래서 결국 유리로 문양을 새기는 방식을 포기하고 동판화 기법인 에칭으로 유리 표면에 그림을 그리기로 했다. 에칭 기법을 쓰면서 작품의 가치가 조금 올라가긴 했지만 대칭된 원기둥 모양에 지나지 않는 평범한 작품이었다. 그는 생각이 자유로운 사람이었음에도 불구하고 기준이라는 한계에 굴복하고 말았다.

그즈음 데일 치훌리는 교통사고로 시각능력과 창의적인 능력에 모두 변화를 맞게 되었다. 그는 1976년 영국 여행 중 교통사고로 자동차 앞유리에 머리를 심하게 부딪치면서 왼쪽 눈의 시력을 완전히 잃고 말았다. 그는 왼쪽 눈에 검은 안대를 착용하기 시작했다. 그러자 시야가 좁아지면서 거리를 정확하게 인식할 수 없게 되었다. 하지만 이 사건이 그에게는 무척 중요한 자극이 되었다.

그는 몸이 회복되는 동안에도 좌절을 거듭하며 작업을 계속했지만 1년 가까이 큰 진전이 없었다. 마침내 그는 작업 방식을 바꿔야겠다는 생각을 하게 되었다. 입으로 파이프를 불어 유리 공예품을 만드는 작업에는 좋은 시력과 정확한 거리 감각이 필수적이었다. 데일 치훌리는 두 가지 모두를 잃었다. 그는 유리를 불 때 직접 파이프를 잡고 돌리던 일을 다른 사람에게 넘겨야겠다고 마음먹게 되었다. 그 결정은 데일 치훌리에게 새로운 세상을 열어주었다.

이후부터 그는 유리 앞에 바짝 붙어 앉아 있는 대신 작업의 전체 과정을 지켜보면서 팀원들에게 유리에 좀 더 색을 진하게 입히라거나, 파이프를 좀 더 빨리 돌리라거나, 각도를 좀 더 기울이라는 등의 중요한 지시를 내리게 되었다. 작업의 모든 과정을 지켜보는 위치가 되자 한계를 뛰어넘어 창조를 할 수 있었다.

새로운 작업 방식으로 일한 지 몇 달 만에 6백 년 동안 이어지던 균형이라는 패러다임이 허물어지고 비대칭적이고 비현실적인 작품들이 나오기 시작했다. 그 모습은 가히 감동적이었다. 그레고리 번스는 데일 치홀리를 이렇게 평가했다.

"유리 공예 분야에서 루이스 티파니(Louis Tiffany) 이후 그 정도로 영향력이 있는 사람은 데일 치홀리가 처음이었다."

### 자신의 신념인가 다수의 의견인가

독창적인 태도를 가질 때 중요한 것은 '나만의 독창적인 작품이 어떤 형태를 갖추어야 하는가?'의 문제가 아니라 '나는 스스로를 어떤 사람이라고 생각하는가?'의 문제다.

처음에 데일 치홀리는 자신의 역할 범위를 유리를 입으로 부는 것으로 제한했다. 그 관점에서는 6백 년 동안 이어져 내려온 기존 작업 방식을 따라 완벽한 대칭을 이루는 작품을 만들어내는 일이 가장 중요했다.

하지만 그는 왼쪽 눈의 시력을 잃은 후 스스로에게서 유리 공예가 이상의 가능성을 발견했다. 그는 자신이 생각하는 것보다 훨씬 더 대단한 사람이었다. 그는 예술가이자 혁신자이자 개척자였다.

이런 관점을 갖게 되자 기존의 기준에 전혀 부담을 느끼지 않을 수 있게 되었다. 마음껏 자신만의 작품을 창조하고 새로운 분야를 개척했다. 모든 면에서 상황이 훨씬 더 좋아졌다.

여러분이 진정으로 사랑하는 일을 하지 못하도록 가로막고 선 '일반적으로 인정받고 있는' 기준이 있는가? 한정된 시간? 약속된 마감 날짜? 여러분이 원하는 방식과 전혀 다른 업무 방식?

만약 여러분이 지금 자신의 신념이 아니라 다수의 의견에 따라 일하고 있다면 스스로를 위해서 독창적인 기준을 갖추어야 한다. 여러분의 역할과 관점을 예술가로서 새롭게 설정하라. 그래야 창의적인 잠재력을 이끌어낼 수 있다.

1978년, 교육자이자 철학자인 모티머 애들러(Mortimer Adler)는 고대 그리스의 예술가에 관한 정의를 새롭게 내린《모두를 위한 아리스토텔레스(Aristotle for everyone)》에서 올바른 관점만 유지한다면 모든 사람이 예술가가 될 수 있다고 주장하면서 예술가의 범위를 넓혔다.

모티머 애들러는 '테크네(technè)'라는 고대 그리스 단어를 타인의 행복을 위해 무언가를 만들어내는 특별한 능력을 지닌 사람들을 묘사할 때 사용했다.

테크네는 예술이라는 뜻을 가진 라틴어의 ars, 영어의 art에 해당한다. 따라서 예술가란 무언가를 만드는 데 기술과 기교 혹은 노하우를 갖춘 사람이라고 할 수 있다.

다시 말해 고대 그리스 사람들에게 예술은 심미적인 기준에 맞는 특정한 작품이 아니라 '어떤 사물을 특별하고 유용하게 만드는 행동 자체'를 의미했다고 할 수 있다.

## 창조하려면 파괴하라

예술은 창조인 동시에 파괴이기도 하다. 앞서 언급했던 그레고리 번스의 《상식 파괴자》의 제목을 눈여겨볼만 하다. 원서 제목인 '이코노클라스트(Iconoclast)'는 '우상 파괴자'라는 뜻의 그리스어 '에이코노클라스테스(eikonoklastes)'에서 기원했다. 그레고리 번스는 근래 들어 가장 획기적인 성과를 이뤄낸 창의적인 사람들을 '이코노클라스트'라고 불렀는데, 이를 통해 그가 예술의 파괴적인 본질에 주목했다는 사실을 알 수 있다. 상식파괴자들이 모든 사람의 예상을 뒤엎었던 것처럼 어떤 획기적인 창작물은 회사와 업계에 만연했던 기존의 기준을 파괴한다. 따라서 여러분이 독창적인 예술가가 되기 원한다면 반드시 파괴적 면모를 갖추어야 한다.

뛰어난 예술가들은 수백 년 동안 이어져온 패러다임을 무너뜨리고 이전보다 나은 새로운 패러다임을 세운다. 하지만 그것이 꼭 예술가이기 때문에 남들과 달라야 한다고 생각해서 한 행동은 아니다. 또는 기존 문화에 무조건적으로 반항하기 위해서도 아니다. 본인이 소중하게 여기는 것을 반영하는 작품을 창조하기 위해서는 어쩔 수 없이 기존 패러다임을 무너뜨리는 길을 선택하게 되는 것이다. 자신이 소중하게 여기는 것이 기존의 기준과 늘 일치할 수 없기 때문이다.

독창성을 발휘하기 위해 회사의 모든 기존 체계를 없애야 한다는 말이 아니다. 자신이 옳다고 믿는 패러다임과 기존 패러다임이 부딪히더라도 진심을 다해 새로운 방식을 시도하고, 또 기꺼이 새로운 것을 받아들여야 한다는 뜻이다.

기존의 기준을 파괴하면 이에 반대하는 투쟁들이 여기저기에서 발발할 것 같지만 오히려 그 반대인 경우가 많다. 더 나은 방식과 진심을 담은 방식에는 뒤쫓는 사람들이 생기게 마련이다. 또 기준을 파괴한 당사자는 근무 시간과 삶의 모든 면에서 자유를 얻게될 것이다. '아하! 하는 순간(aha moments)' 혹은 '에피파니(epiphany)의 순간'은 어떤 한 사람으로부터 시작되지만 순식간에 주변으로 번져나가게 된다.

creative note

나는 기존의 체계를 파괴하는 것을 겁내지 않는 사람인가? 만약 매사에 파괴를 두려워하는 사람이라면 자신이 진정으로 원하는 삶의 방향을 놓치고 있을 가능성이 크다. 기존의 방식과 대세에 휘둘리지 마라. 만약 진심과 열정을 담아 자신이 원하는 일을 추진해 나간다면 머지않아 뜻을 함께 하는 사람들이 더해갈 것이다.

## 독창적으로 일하는 사람의 3가지 비밀

앨런 애슐리 피트(Alan Ashley Pitt)는 다음과 같은 말을 했다.

"대중을 따르는 사람은 대중을 넘어서지 못한다. 홀로 길을 걷는 사람만이 아무도 가보지 못한 곳에 닿을 수 있다. 인생에는 두 가지 길이 있다. 주류에 스며드는 길과 눈에 띄는 길. 눈에 띄기 위해서는 달라야 한다. 그리고 남들과 달라지려면 누구도 아닌 나 자신이 되어야 한다."

사실 앨런 애슐리 피트는 1960년대 말기 감사 카드를 생산하던 회사 산타 바바라(Santa Barbara)에서 어떤 제품에 붙인 이름이었다. 즉, 가상의 인물이다.

비록 실존 인물은 아니지만 그의 말은 독창성이 무엇인지에 대해 훌륭하게 설명해주고 있다. 그렇다면 이제 독창적으로 일할 수 있는 구체적인 방법에 대해 살펴보자.

### 첫 번째 비밀 ▶ 내 안의 소리에 맞춰 춤춰라

켄 로빈슨(Ken Robinson) 경은 자신의 책《엘리먼트(The element)》에서 학교 수업을 잘 따라가지 못하고 집중하는 데도 큰 어려움을 겪었던 여덟 살 소녀 질리언 린(Gillan Lynne)의 이야기를 소개했다. 질리언은 학교생활에 문제가 많은 아이였다. 숙제를 잘 해오지 않았고, 글씨도 엉망이었고, 시험 성적 역시 바닥이었다. 게다가 수업에 잘 집중을 하지 못해서 선생님으로부터 주의를 받기 일쑤였고, 주변 아이들에게도 방해가 되었다. 교장은 질리언의 부모를 학교로 불러 이 문제를 어떻게 해결할 것인지 의논했고, 질리언의 부모는 질리언이 심리 상담을 받아보게 하는 데 동의했다.

그날도 엄마는 질리언과 함께 심리 상담사를 찾았다. 상담사는 질리언에게 엄마와 복도에서 잠시 이야기를 나눌 테니 상담실에서 기다려 달라고 말했다. 그러고는 밖으로 나오면서 책상 위에 있던 라디오를 틀었다.

복도로 나온 상담사는 질리언의 엄마 쪽으로 몸을 약간 숙이며 작은 소리로 말했다.

"여기서 잠시만 기다리세요. 그리고 질리언이 무엇을 하는지 지켜보세요."

상담사와 질리언의 엄마는 함께 창문 너머로 상담실 안을 살며시 들여다보았다. 그런데 질리언이 갑자기 자리에서 일어서더니 라디오에서 흘러나오는 음악에 맞추어 움직이며 방 안을 이리저리 돌아다니기 시작했다. 여느 어린아이들이 추는 정체불명의 춤과는 전혀 달랐다. 마치 자신의 춤이 무엇을 표현하는지 정확하게 알고 있는 듯 질리언의 몸짓은 우아하고 특별했다. 무엇보다 아이가 굉장히 행복해 보였다.

두 사람은 질리언의 몸짓에 정신이 팔려 꼼짝도 않고 한참을 더 지켜보았다. 마침내 상담사가 질리언의 엄마를 쳐다보며 말했다.

"질리언은 이상한 아이가 아니라 무용수입니다. 무용 학교로 데리고 가보시는 게 좋겠습니다."

질리언의 엄마는 상담사의 조언을 따랐고, 그것은 아이의 인생이 완전히 바뀌는 계기가 되었다. 본격적으로 무용을 배우기 시작한 질리언은 학교에서든 집에서든 쉬지 않고 춤을 추었다. 이제 더 이상 누구도 질리언에게 산만하다고 나무라지 않았다. 몇 년 후 질리언은 런던의 로열 발레 학교(Royal Ballet School)에 입학했고 전 세계를 순회할 수 있는 기회를 얻었다. 그는 세계적인 무용수이자 안무가가 되었고, 후에 앤드루 로이드 웨버(Andrew Lloyd Webber)를 만나게 되어 여러분도 잘 알고 있는 작품 「캣츠(Cats)」, 「사랑의 이모저모(Aspects of Love)」, 「오페라의 유령(The Phantom of the Opera)」을 제작하게 되었다.

우리는 다른 사람들 눈에 비치는 것보다, 또 자신이 생각하는 것보다 훨씬 더 대단한 존재다. 자신이 대단한 존재라는 사실을 받아들여야 한다. 여러분의 안에서 울려퍼지는 소리를 발견하라. 그리고 매일 그 소리에 맞추어 대담하게 춤을 추어라. 다른 이들이 뭐라고 하는지는 신경 쓰지 않아도 된다.

**두 번째 비밀** ▶ 겁내지 마라, 대담하게 세상에 꺼내라

사실 여러분 안에는 여러분만의 고유한 경험에서 우러나오는 수백 가지의 독창적인 아이디어가 숨어있다. 그 생각을 실제로 어떻게 적용할 수 있는지 배우고, 독창적인 인간이 되기를 방해하는 두려움에서 벗어나 자유로워지면 마침내 예술가가 되는 것이다.

그런데 우리가 정말 두려워하는 대상은 무엇일까? 실패? 맞다. 거절? 그럴 수도 있다. 하지만 여러분이 실패나 거절보다 더 두려워해야 하는 것이 있다. 바로 후회다. 만약 여러분이 독창성을 따라 살지 않는다면 무의미한 존재가 되어가는 자신의 모습을 보며 반드시 후회하게 될 것이다. 전 미국 대통령 존 F. 케네디(John F. Kennedy)도 "다수의 뜻에 동조하는 것은 자유를 가두는 간수이며 성장의 적이다."라고 말한 바 있다.

여러분 안에 있는 예술가는 여러분에게 더 큰 세상을 보여주는 창과 같다. 그 창을 가만히 들여다보라. 그러면 새로운 가능성을 품은 세상이 보인다. 다만 자신의 독창적인 예술이 두려움과 동조라는 커다란 커튼에 가려져 있다는 점을 알아채고 극복해야 한다. 마음이 약해지거나 주변의 압박을 받으면 다시 커튼을 치고 싶은 마음이 들 것이다. 아예 보지 않는 편이 마음이 편하고, 덮어두면 고통이 사라질 거라고 생각하기 때문이다. 하지만 절대로 그렇지 않다.

마음이 약해지거나 겁이 나서 죽을 것 같더라도 똑똑히 보라. 여러분 안에 있는 예술가를 무시하지 마라.

영국 작가 길버트 체스터턴(Gilbert Chesterton)은 〈타임스(The Times)〉에서 '무엇이 이 세상의 문제인가?'라는 제목으로 글을 써달라고 요청했을 때 다음과 같이 답변했다고 한다.

담당자께,

바로 제가 세상의 문제입니다.

길버트 체스터턴 올림

길버트 체스터턴은 대단히 뛰어난 재능을 가진 사람이었다. 아일랜드의 극작가 조지 버나드 쇼(George Bernard Shaw)는 그를 "천재성을 지닌 인물"이라고 평가한 바 있다. 동시대의 오스카 와일드(Oscar Wilde), 웰스(H. G. Wells), C.S. 루이스(C. S. Lewis)는 주기적으로 체스터턴의 작품을 읽었다고 한다. 또 그의 소설《목요일이었던 남자(The Man Who was Thursday)》는 혁명자이자 아일랜드 공화당 지도자인 마이클 콜린스(Michael Collins)에게 영감을 주었으며, 〈더 일러스트레이티드 런던 뉴스(Ilustrated London News)〉에 기고했던 글은 마하트마 간디(Mahatma Gandi)에게도 큰 영향을 미쳤다. 수많은 인재들에게 긍정적인 영향을 미친 인물이 바로 길버트 체스터턴인 것이다.

'무엇이 이 세상의 문제인가?'라는 질문에 해답을 제시할 수 있는 이가 있다면 바로 체스터턴이었을 것이다. 그는 스스로를 들여다보는 과정에서 찾은 진실을 사람들에게 밝혔다. 하지만 우리는 지금도 우리 자신이 문제라는 사실을 인정하지 않는다.

한 사람이 지닌 잠재력은 생각보다 훨씬 더 엄청나다. 스티븐 프레스필드(Steven Pressfield)는 자신의 책《최고의 나를 꺼내라(The War of

Art)》에서 다음과 같이 말했다.

> 만약 여러분이 암 치료법을 발견하거나, 교향곡을 쓰거나, 저온핵융합 문제를 해결하는 등의 대단한 일을 해내려고 한다면 스스로를 괴롭히는 정도가 아니라 스스로를 파괴해야 한다. 어쩌면 여러분의 자녀와 모든 주변 사람들을 괴롭게 할 수도 있다. 창의적인 작업이란 하는 척 연기함으로써 사람들의 관심을 끄는 행동이 아니라 세상과 세상 모든 존재에게 주는 선물 같은 일이다. 세상에 기여하는 척 사람들을 속이지 마라. 그저 여러분이 가진 것을 아낌없이 꺼내라.

자신을 속이지 마라. 세상을 속이지 마라. 여러분이 가진 것을 자유롭고 대담하게 세상에 꺼내라.

### 세 번째 비밀 ▶ 힘이 되어줄 내 편을 확보하라

여러분은 어렸을 때 다른 사람이 나에 대해 어떻게 생각하는지에 대해 전혀 신경 쓰지 않았다. 심지어 바로 옆에 누군가가 있다는 사실도 알아채지 못할 때가 많았다. 무언가가 떠오를 때마다 그때그때 행동으로 옮겼고, 생각나는 대로 뱉어냈다. 바로 이러한 특성들이 여러분의 지식, 성격, 창의력을 성장시키는 자극이 될 때가 많았다. 하지만 시간이 흐르면서 이 같은 반짝임은 사라졌다. 거듭되는 실패, 타인의 기대, 문화에 맞는 예절이 우리에게 단 하나의 메시지를 주었다.

자제하라. 의중을 모두 내보이지 마라. 그렇지 않으면 상처를 입을 것이다. 사람들이 비웃을 것이다. 곤경에 처하게 된다. 나를 싫어하는 사람들이 생길 것이다.

안타깝게도 여러분이 습득해온 자제하는 상태란 정지된 상태와 같다. 정지된 상태로는 업무에서 아무런 진전도 이룰 수 없다. 자제력에서 벗어날 가장 쉬운 방법은 내 편을 확보하는 것이다. 단, 여러분과 관점이 같은 사람이어야 한다. 그 사람은 여러분이 떠오르는 아이디어를 말하거나 업무 방식을 바꾸려고 할 때 자신감을 북돋아주고, 새로운 일을 시작하려고 할 때 큰 힘이 되어줄 수 있다.

예술적인 시도를 하기도 전에 화려한 결과를 기대하진 마라. 하지만 지금 느끼고 있는 안정감과 다수에 동조하고 싶은 유혹 때문에 시작하기조차 어렵다면 함께 나아갈 동지를 찾아라. 두 명 이상의 예술가가 모이면 혼자일 때보다 더 많은 일을 이뤄낼 수 있다.

> **creative note**
>
> 실제 업무에서 독창성을 어떻게 발휘할 것인가? 가장 먼저 자신이 스스로 생각하는 것보다 대단한 존재라는 사실을 받아들여야 한다. 내면에서 울려퍼지는 소리를 발견하라. 그리고 매일 그 소리에 맞추어 대담하게 춤을 추어라. 다른 사람들이 뭐라고 하는지는 신경 쓰지 마라. 주저하지 말고 밀고 나가라. 혹시 혼자서 나아가기 두렵다면 나에게 자신감을 북돋아줄 내 편을 만들어라.

## 기적은 우리가 발견해주기만을 기다린다

지금까지 어떠했든 이제는 회사가 강요하는 신념을 버려야 할 때다. 회사가 요구하는 신념만 따르다 보면 복제품은 만들 수 있지만 그 이상의 것은 만들어낼 수 없다.

이제 스스로에게 어떤 사람이 되고 싶은지, 또 자신만의 신념이 무엇인지를 물어라. 그리고 당장 답한 대로 실천하라. 적당한 때, 높은 성과가 보장되는 때, 성공에 대한 확신이 드는 때는 없다. 지금 당장 그리고 매일 노력하라. 아인슈타인이 "삶을 살아가는 데는 두 가지 방식이 있다. 한 가지는 인생에 기적이란 없다고 여기는 것이고, 나머지 한 가지는 모든 것이 기적이라고 여기는 것이다."라고 한 것처럼 말이다.

일이 내가 살아갈 방향을 결정하는 것이 아니라 내가 일의 진행 방향을 주도적으로 설정하는 것, 일상적인 업무 과정에서 살아있음을 느끼는 것, 일이 비로소 자신의 인생에 있어서 소중한 부분으로 받아들여지는 것 등이 기적이라 할 수 있다. 기적은 여러분의 내면과 주변에서 여러분이 발견해주기만을 기다리고 있다. 그러니 기적이 진짜 있는지에 대해서는 의문을 갖지 않아도 된다. 그저 여러분은 기적을 발견하고 움켜쥘 자신만의 방식을 찾아내면 된다. 핵심은 자신만의 방식이다. 자신만의 방식이 아니면 자신만의 기적도 결코 찾아낼 수 없다.

여러분의 마음과 영혼을 잘 들여다보라. 여러분이 바로 고루한 업무 방식을 부수고 새로운 창조물을 만들어낼 독창적인 예술가다. 모든 과정을 새롭게 바꿀 예술가가 되어라. 주저하지 말고 밀고 나가라. 여러분은 세상에 단 하나뿐인 특별한 존재다.

세 번째 강의

---

빨리 창조하고
빨리 실패하라

# 도발하라

만약 존 레넌이 비틀스(Beatles) 네 명의 멤버 중 하나로 끝까지 남아 있었더라면, 그는 예술가로서의 명성을 더욱 확고히 굳혔을 것이다.

이는 존 레넌 추모 웹사이트의 일대기에 적혀 있는 첫 문장이다. 존 레넌이 팝 음악계를 대표하는 인물이라는 점은 모두가 동의한다. 하지만 세계적인 밴드인 비틀스를 떠난 뒤 솔로 가수로도 큰 환호를 받을 수 있었던 것이 천재적인 음악성 덕분이었다는 평가에 있어서는 찬반 의견이 분분하다. 존 레넌은 분명 천재 음악가다. 하지만 그가 아름다운 곡을 쓰고 노래를 잘 부르는 재주만으로 사람들의 기억 속에 독보적인 천재 예술가로 자리매김한 것은 아니다. 그에게는 사람들의 마음을 움직이는 특별한 능력이 있었다. 다른 사람들에게 영향력을 끼치기 원하는 우리 같은 사람들에게는 존 레넌이 본보기가 될 만하다.

많은 사람이 존 레넌을 평화를 상징하는 인물로 기억하지만 실제로는 거친 행보 때문에 평생 세간으로부터 혹독한 평가를 받았다. 한번은 "비틀스가 예수보다 더 인기가 많다."라는 말을 해서 수많은 사람이 비틀스의 음반을 불태웠고, 미국 라디오 방송에서는 비틀스의 음악이 금지곡이 되기도 했다. 1960, 70년대에는 미국의 베트남 참전을 반대하는 선언을 하는 등 적극적으로 사회운동을 하여 많은 팬이 등을 돌렸다. 하지만 이는 반대로 반체제 성향을 가진 사람들의 지지를 받는 계기가 되기도 했다. 존 레넌은 이렇게 노래했다.

'상상해봐. 언젠가 여러분도 우리와 함께할 거야. 그러면 온 세상이 하나가 되겠지.'

존 레넌이 전설적인 예술가로 기억되는 것은 이처럼 도발적으로 행동했기 때문이다.

존 레넌에 대한 과거부터 오늘날까지의 평가는 무척 극단적이다. 그를 모범 시민의 본보기로 평가하는 사람들이 있는가 하면 체제를 위협하는 인물로 평가하는 사람들도 있다. 하지만 어느 쪽이든 그를 과소평가할 수는 없다. 그는 늘 꿈을 꾸는 사람이었고, 꿈으로만 그치지 않고 실천하는 사람이었기 때문이다. 그의 용감한 행동을 통해 대중들은 더 나은 삶을 꿈꿨다.

사람들이 존 레넌의 삶에 대해 논할 때 간과하는 한 가지가 있다. 그는 여러분이나 나보다 한 단계 더 원하는 것이 있었다는 점이다.

"학교에 갔더니 선생님이 커서 뭐가 되고 싶은지를 적으라고 했어요. 나는 '행복해지고 싶다.'라고 적었어요. 선생님은 내가 숙제를 잘 이해하지 못했다고 말했고, 나는 선생님이 인생을 이해하지 못한 것이라고 말했어요."

그는 주위의 시선에 연연하지 않고 행복해질 수 있는 길을 스스로 찾아 나섰다는 점에서 일반 사람들과 달랐다. 그는 종종 오랫동안 지켜온 관습과 제도를 송두리째 흔들 만한 행동을 했다. 이것이 바로 존 레넌이 길이길이 기억되는 예술가로 남을 수 있었던 비결이다.

## 자극이 없으면 변화도 없다

주위를 둘러보라. 과연 완전하게 신뢰할 만한 것이 있는가? 기상이변이 우리를 놀라게 한다. 새로운 사람들이 우리의 인생에 끊임없이 등장하고 오랜 친구들이 갑자기 사라지기도 한다. 시장은 예고 없이 변한다. 경쟁은 예상했던 것보다 훨씬 더 치열하다. 어제까지 잘 진행되던 일이 오늘 갑자기 중단된다. 우리가 오늘 알던 진실이 내일이 되면 사라질 수도 있다. 이 모든 변화를 우리는 수도 없이 겪는다. 로마 제국의 철학자 마르쿠스 아우렐리우스(Marcus Aurelius)는 자신의 책《명상록(Meditations)》에 '우주는 변화한다.'라는 말을 남겼다. 그의 말이 옳다. 변화야말로 우리가 사는 사회에서 가장 변하지 않고 존

재하는 것이다. 우리는 정확성과 안정성을 추구하려
고 무던히 노력하지만 결국 불확실하고 불안정한 것
들과 마주치고 만다.

불확실성과 불안정함은 예상하지 못하거나 제어
하지 못하는 외부의 힘에 의해 공격을 받는다. 존재
하는지 몰랐던 내부의 어떤 힘을 받아 커지기도 한
다. 여러분이 갑자기 사랑에 빠지거나 어떤 것에 대
한 새로운 열정이 생겼을 때 맞게 되는 변화들에 대해 생각해보라.

어떤 사람들은 외부로부터 오는 자극이 자신을 흔들어 놓을 때까
지 그저 기다린다. 하지만 예술가들은 결코 그때까지 가만히 있지 않
는다. 그들은 새로운 가능성에 대해 생각하도록 스스로를 먼저 자극
하고, 이어서 주위 사람들을 자극한다. 그들은 변화가 필요하지 않아
보이는 순간에도 변화를 부추기는 사람들이다. 이러한 자극이 없다
면 변화는 결코 일어나지 않는다.

### 역사를 도발하여 세상을 바꾼 리더들

잔 다르크(Jeanne d'Arc), 마틴 루터(Martin Luther), 윌리엄 윌버포스
(William Wilberforce), 마하트마 간디(Mahatma Gandhi), 마틴 루터 킹 주
니어(Martin Luther King Jr.), 넬슨 만델라(Nelson Mandela) 등 역사에 길이
남은 훌륭한 리더들은 남들에게 과시하기 위해 인위적으로 노력한
것이 아니라 진정으로 더 나은 방식을 찾기 위해 애썼다. 많은 사람의

생각과 행동을 바꾼 그들이야말로 도발적인 사람들이라고 할 수 있다. 하지만 그들은 평범했다. 그런데도 그들이 도발적이었다고 평할 수 있는 것은 그들이 더 나은 인생을 위해 끊임없이 노력하고, 스스로 만족하는 결과를 내기 위해 평생을 살았기 때문이다.

영국과 프랑스의 전쟁에서 프랑스를 구한 10대 소녀 잔 다르크는 "신념 없이 사는 것은 죽음보다 끔찍하다."라고 말하며 자신의 굳은 의지를 밝혔다.

독일의 성직자 마틴 루터는 이단으로 체포되어 끊임없이 가톨릭의 부패와 타락을 비판하는 95개 조의 반박문을 철회하라는 회유와 협박을 받으면서도 뜻을 굽히지 않고 "나는 여기 서 있을 것이다. 달리 어쩔 도리가 없다."라고 말했다.

정치가 윌리엄 윌버포스는 영국에서 자신이 실시한 노예 폐지 운동에 대해 여론이 혹독하게 비판하는 상황에서도 뜻을 굽히지 않고 "같은 인간으로서 그들이 겪는 고통을 지켜보며 산다는 것은 미치광이가 되는 일이다. 나는 가장 심각한 미치광이 중 한 사람이다."라고 자신의 의견을 밝혔다.

가난했지만 굳은 의지를 버리지 않았던 마하트마 간디는 "강한 확신을 갖고 '아니요.'라고 말하는 것이 문제를 회피하거나 그저 눈앞의 즐거움만을 위해 '네.'라고 말하는 것보다 낫다."라고 말했다.

미국의 인종 차별 정책을 철폐해야 한다는 움직임을 만들어낸 마틴 루터 킹 주니어는 "무언가를 위해 죽을 각오가 되어 있지 않은 사람은 살 가치도 없다."라고 말했다.

또한 남아프리카 공화국에서 흑인에 대한 사람들의 편견을 없애고자 노력하다 감옥에 갇혔던 인권운동가 넬슨 만델라 대통령은 "보잘 것 없는 열정이란 없다."라고 공언했다.

역사는 그들을 예술가로 분류하지 않지만 그들이야말로 가장 진보한 형태의 예술가다. 그들에게 있어서 붓과 물감은 더 나은 방식과 높은 수준으로 나아가기 위한 말과 행동이었다. 그들이 살던 꽉 막힌 시대가 바로 캔버스였고 마침내 사회에 일어난 긍정적인 변화가 그들의 작품인 것이다.

그들이 남긴 작품으로 인해 역사는 변했다. 그들이 겪었던 시대와 여러분과 내가 살아가는 현재는 크게 다르지 않다. 어떤 일이 불가능해 보이는 상황에서 그들은 스스로 해야 할 일을 찾아냈다. 역사를 뒤바꾼 것은 아니지만 개인이 할 수 있는 최대한의 몫을 해내어 역사가 크게 한 걸음 앞으로 나아가게 했다. 그들은 가만히 앉아 있거나 망설이면서 막연히 어떤 것이 이루어지기를 기다리기보다 직접 나서서 해결책을 찾았다.

> **creative note**
> 잔 다르크, 마틴 루터, 윌리엄 윌버포스, 마하트마 간디, 마틴 루터 킹 주니어, 넬슨 만델라 등의 역사적 인물이야말로 가장 뛰어난 예술가다. 그들은 비뚤어진 관행에 도전장을 내밀고, 혁신적인 행동을 실천에 옮겼다. 진정한 예술가는 변화가 필요하지 않아 보이는 순간에도 변화를 부추긴다.

## 예측하지 말고 질문하라

일반적으로 우리는 사회의 기존 체제를 아무런 저항 없이 받아들인다. 직장에서는 더욱 그렇다. 직장에서 우리는 책임져야 할 일의 리스트를 받아 들고 최대의 효율성을 내기 위한 훈련을 받는다. 이 과정에서 여러분이 할 수 있는 것이 무엇일까? 사실 기존 체제를 적당히 받아들이는 것 말고는 별로 없다. 또 아직 문제가 발생하지 않은 일에 대해 바로잡아야 한다고 말할 수 있는 분위기도 아니다. 하지만 이러한 상황에 익숙해지면 여러분은 곧 생기 없는 존재로 전락하고 만다. 이것이 많은 사람이 직장 생활에 불만을 품는 이유이기도 하다.

우리는 생계수단의 불만족을 필요악으로 여기며 묵묵히 받아들이는 경향이 있다. 불만족스럽지만 이것이 어른이 되어가는 과정이고 현실이 돌아가는 방식이라며 자신을 다독인다. 그리고 결국 우리를 둘러싼 체제를 당연하게 여기며 그 속으로 들어가 개미 집단의 작은 일개미처럼 업무를 수행한다. 절대로 의문은 제기하지 않는다.

혹시나 내 말을 오해하지는 마라. 업무 체계가 무조건 나쁘다는 뜻은 아니다. 특히 기업에서는 결과를 예측하기 위한 체계를 세우고 유지하는 일이 필수적이다.

기업이 곤경에 빠지는 것은 항상 했던 업무 이상의 것을 생각하는 훈련, 원하는 결과를 도출하는 데 실패했을 경우에 대비한 훈련이 제대로 되어 있지 않기 때문이다. 하지만 설사 대비한다고 해도 곤란한 일은 발생하게 되어 있다. 모든 상황을 제어할 수 있는 기업은 존재하지 않는다.

여러분은 경제 상황을 제어할 수 없다. 경쟁사의 움직임을 예측할 수 없다. 전 세계적으로 일어나는 변화들과 그 변화가 고객사의 결정에 어떤 영향을 미칠 것인지를 예측하지도 못한다. 또 고객이 어떻게 반응할지까지 정확하게 예상할 수 없다. 즉, 앞으로 일어날 모든 일의 결과는 확신할 수 없다. 여러분이 할 수 있는 최선의 노력은 변화에 대비해 자신을 좀 더 나은 방향으로 발전시켜 놓는 것뿐이다.

> **creative note** 내가 확신을 갖고 예측할 수 있는 일이 있는가? 현재의 업무 체계가 정말로 효율적인지 의심해본 적이 있는가? 예측된 결과와 기존 체계를 업무 과정에서 활용하되 절대적으로 의지해서는 안 된다. 상황이 바뀌었을 때 언제든지 유연하게 대처할 수 있도록 스스로를 미리 준비시키는 것이 최선의 업무 전략이다.

### 생각의 시작과 끝을 뒤집어보라

여러분은 발전에 걸림돌이 될 만한 요소들을 끊임없이 찾아내는 도발적인 태도를 갖춤으로써 회사에서 발생할 수 있는 위기에 대한 대책을 마련할 수 있다. 또한 조직 내에서 자신의 가치를 높이고, 업무를 새로운 방향으로 개척할 수 있는 기회를 얻을 수 있다.

내가 2008년 마이크로소프트(Microsoft)의 직원들이 모인 자리에서 강연할 당시, 프레드 조던(Fred Jordan)도 그 자리에서 다른 직원들과 함께 강의를 듣고 있었다. 그즈음 프레드의 부서는 제품의 생산 원가 절감 대책을 마련해야 하는 새로운 과제를 맡고 있었다. 당시 마이크로소프트의 소프트웨어 제품은 CD나 DVD 형태가 대부분이었다. 강연이 있었던 그날 저녁, 프레드는 회의 중인 자신의 팀으로 합류하기 위해 다시 비행기를 타고 뉴욕으로 향했다. 회사에 복귀하자마자 여러 의견을 모아보았지만 이렇다 할 방안이 나오지 않았다.

그는 다시 집이 있는 시애틀(Seattle)로 돌아가기 위해 공항에서 비행기를 기다렸다. 바(bar)에 들러 두어 잔의 술을 마시면서도 마음이 무거웠다. 비행기가 이륙한 뒤, 프레드는 메모지를 꺼내 일반적인 플로 차트(flow chart, 문제의 범위를 정하여 분석하고, 그 해결책을 명확하게 하기 위해서 필요한 작업이나 사무 처리의 순서를 통일된 기호와 도형을 사용해서 도식적으로 표시한 것-옮긴이)를 그리기 시작했다. 제일 위쪽에 마이크로소프트를 나타내는 큰 원을 그린 다음 그 밑에 규모가 큰 고객사를 나타내는 작은 원을 여러 개 그려 넣었다. 프레드는 그림을 쳐다보면서 떠오르는 생각들을 적어 내려갔다.


- CD와 DVD 생산 비용 줄이기
- 소프트웨어 포장 비용 줄이기
- CD와 DVD 운반 비용 줄이기


하지만 하나같이 이미 회의에서 나왔던 아이디어뿐이었다. 그는 다시 벽에 부딪혔다. 생산 원가를 더 줄이는 것은 불가능해 보였다.

그가 놓친 것이 있었던 것일까? 거래 과정에 있어서 미처 검토하지 못한 부분은 무엇일까?

프레드는 자신이 그린 플로 차트를 다시 한 번 꼼꼼하게 살폈다. 그러다가 문득 앞에 놓인 문제를 창의력을 불러일으켜 다른 관점으로 살펴보라던 내 강연의 조언을 떠올렸다. 그러자 프레드의 생각이 획기적으로 전환되었다.

프레드는 메모지를 집어 들어 거꾸로 놓았다. 그러자 마이크로소프트의 소프트웨어를 구매하는 고객사가 맨 위쪽으로 오게 되었다. 그는 생산 원가 절감이 단순히 마이크로소프트가 혼자 해결해야 할 문제가 아니라 고객사과 함께 해결해야 할 문제라는 생각을 하게 되었다. 프레드는 자신이 고객사라면 생산 원가 절감이라는 똑같은 문제를 놓고 어떻게 대처할지에 대해 생각해보았다. 실제로 고객들이 가장 중요하게 생각하는 점은 무엇인가? 반면 전혀 신경 쓰지 않는 부분은 무엇인가?

일반적으로 고객들은 소프트웨어를 빨리 받는 것과 프로그램이 제대로 작동하는 것을 가장 중요하게 생각했다. 반면 이 두 가지만 충족시킨다면 생산 형태나 포장 상태에 대해서는 크게 신경 쓰지 않았다. 프레드는 고객의 입장에서 소프트웨어가 잘 작동한다는 전제를 세워두고 가치 사슬(기업 활동에서 부가가치가 생성되는 과정을 가리키는 말-옮긴이) 내에서 모두에게 이익이 될 만한 더 나은 납품 방식에 대해 고민하기 시작했다.

그렇게 해서 소프트웨어를 CD나 DVD 대신 온라인으로 받을 수 있는 '디지털 바이 초이스(Digital by choice)' 방식이 탄생했다. 이를 통해 생산 원가를 절감하고 납품 속도를 높인 것은 물론 생산에서 소비에 이르는 전 과정에서 탄소발자국(사람의 활동이나 상품을 생산, 소비하는 전 과정을 통해 직간접적으로 배출되는 온실가스 배출량을 이산화탄소로 환산한 총량-옮긴이)도 줄일 수 있었다. 당시는 소프트웨어 생산 기업들이 어마어마한 양의 제품을 일일이 CD의 형태로 납품하던 때였다. 그런데 프레드가 최초로 온라인 납품이라는 비용도 낮추고 좀 더 환경친화적인 방식을 발견해낸 것이다.

그 후 몇 주 동안 프레드는 팀원들과 함께 '디지털 바이 초이스' 웹사이트를 만들었다. 그리고 고객들에게 온라인 납품 방식을 선택하여 제품을 구매하면 다음 세 가지 사항이 가능해진다고 설명했다.

- 구매한 소프트웨어를 빨리 받을 수 있고, 바로 업데이트가 가능하다.
- 영수증, 제품 안내서, CD의 폐기 과정에서 나오는 쓰레기를 줄일 수 있다.
- 생산과 납품 단계에서 발생하는 비용, 특히 CD 폐기 비용이 줄기 때문에 탄소발자국을 줄일 수 있다.

결과는 놀라웠다. 나는 마이크로소프트로부터 그해 그들이 절감했던 정확한 액수를 경쟁업체에게 비공개로 해달라는 요청을 받았다. 하지만 '디지털 바이 초이스'를 통해 입이 떡 벌어질 정도의 생산 비용을 절감했으며, 프레드는 그 공로를 인정받아 2008년 말 '마이크로소프트 서클 오브 엑설런스 어워드(Microsoft Cirle of Excellence Award)'에서 수상했다는 점은 말할 수 있다. 이후 승진한 프레드는 마이크로소프트 계열사의 성장을 이끄는 핵심 부서를 책임지고 있다. 그의 사례는 도발적인 태도를 가진 한 명의 직원이 기업에 얼마나 크게 기여할 수 있는지를 보여준다. 물론 프레드 본인도 개인적으로 크게 성장했다.

대부분의 기업에는 정확성이나 안정성보다 창의력이 훨씬 더 필요하다. 그러나 대개 현재를 유지하는 데에만 관심을 가질 뿐 도발적인 태도를 갖추지 못했다. 각자 맡은 일을 충실하게 수행한다면 기업이 잘 돌아가기는 할 것이다. 그리고 우리 모두 안정적으로 돈을 벌 수 있을 것이다. 하지만 변화가 빠른 오늘날의 디지털 시대에는 그 정도에서 만족해서는 안 된다.


### 미래는 도발적인 사람들의 손에 달려 있다

기업의 상황은 여러분이 예상한 시나리오와 정반대로 가기도 한다. 모든 직원이 지나치게 안정성을 믿고 있기 때문이다. 안정성만 추구하려는 사람들은 괜히 문제를 일으키지 말라고 하면서 최선의 노력을 하고자 하는 사람들의 의욕을 꺾어버린다.

현재를 유지하고 싶은 마음은 덮어두어라. 스스로 평지풍파를 일으켜라.

그것이 바로 최고의 기업에서 원하는 것이다. IBM은 2010년에 기업의 CEO들에게 앞으로의 회사 발전에 영향을 미칠 결정적 요소가 무엇인지에 대해 물은 설문조사를 실시했다. 전 세계 60개국, 33개 업종의 CEO 1,500명을 직접 만나 설문조사를 진행한 IBM은 이런 결론을 내놓았다.

"그들은 점차 복잡해져가는 현대 사회를 성공적으로 헤쳐 나가기 위해서는 정확성, 엄격한 통제, 통합, 확실한 전망 같은 것들보다 창의력이 더 중요하다고 답했다."

그리고 "세계적인 기업을 이끄는 CEO 중 자신의 기업이 미래를 충분하게 준비했다고 생각하는 경우는 절반이 채 되지 않았다."라는 말도 덧붙였다.

수많은 기업이 미래에 충분히 대비하지 못했다고 생각하는 이유는 무엇일까? '필요는 발명의 어머니'란 말처럼 대부분의 기업은 창의력이 절박하게 필요한 순간이 오기 전까지는 그 중요성을 깨닫지 못하기 때문이다. 그때 나설 수 있는 사람이 여러분이 되어야 한다. 또한 같은 설문조사에서 CEO들은 미래에 성공적인 기업의 창의적인 리더가 갖추어야 할 요건으로 다음과 같은 사항을 꼽았다.

- 구시대적인 접근법이 아니라 파괴적 혁신을 선택하고 어느 정도의 위험을 기꺼이 받아들여야 한다.
- 전례가 없는 새로운 방식으로 기업의 발전을 도모해야 한다.

- 불확실한 실험 과정을 받아들이는 데 거부감이 없어야 한다.
- 현재의 상황을 뒤엎을 결정을 내릴 수 있을 정도로 용감해야 한다.
- 완전히 새로운 가설에 바탕을 둔 새로운 비즈니스 모델을 고안해내야 한다.

요컨대, 미래는 일상적으로 변화를 일으키는 도발적인 사람들의 손에 달려 있다. 도발적인 태도야말로 기업이 위기에 재빨리 대응하고 지속적인 혁신을 꾀하면서 지속적으로 성장할 수 있는 유일한 방법이기도 하다. 자신의 이름을 따 일본에 자동차 회사를 세운 소이치로 혼다(Soichiro Honda)만큼 이 사실을 완벽하게 알고 있었던 사람도 없다.

혼다는 젊은 시절 자동차 업계에 입문해 수많은 위기와 예상치 못한 걸림돌들을 몸소 겪어낸 인물이다. 공장에 화재가 발생해 피해를 입기도 했고 전시에는 군수품을 납품하기도 했다. 자동차 디자인 실패로 전체 생산 일정이 혼란에 빠진 적도 있다. 혼다는 위기 상황이 그리 달갑지 않았지만 위기가 닥친 이후에 발생한 결과를 모두 기록했다.

그런데 아이러니하게도 위기를 겪고 나자 직원들의 기술 수준이 향상되는 등 모든 상황이 순조로울 때보다 더 나은 결과들이 발생했다는 사실을 깨달았다. 예를 들어, 철강 부족 사태를 겪으면서 엔진 블록(자동차 엔진을 구성하는 기본 본체를 가리키는 말-옮긴이)의 무게를 줄일 수 있을 뿐 아니라 열기를 더 빠르게 배출하는 알루미늄 소재를 발견하게 된 것처럼 말이다. 대참사라고 여겼던 디자인 실패 경험도 획기적인 혁신으로 이어지는 지름길이 되어주었다.

혼다는 불확실성을 자극제로 삼아 획기적인 발전을 이뤄내는 '사다리 걷어차기' 경영법을 실행했다. 그는 각 단계의 공정이 완료될 무렵이면 일부러 납기일을 단축시키는 등 위협적인 위기 상황을 만들어냈다. 그가 직원들의 발밑에 놓인 사다리를 걷어찰 때마다 직원들은 즉시 그에 대한 대책을 고안해내야만 했다. 직원들은 이러한 훈련을 통해 기존의 업무 추진 방식을 버리고 창의적인 방식으로 대처할 수 있게 되었다. 또 업무 성과가 자연스럽게 높아졌다. 혼다의 비약적인 성장은 이 같은 인위적인 자극을 원동력으로 삼아 이루어졌다.

### 불편한 상황이 빛나는 생각을 자극한다

발전은 변화로부터 시작된다. 때로는 아주 사소한 변화가 위대한 결과를 내는 촉매제 역할을 한다. 어느 쪽을 선택하든 그것은 우리 손에 달려 있다. 자극이 우리를 찾아올 때까지 마냥 기다리면서 그때그때 녹슨 도구를 들고 해결책을 찾기 위해 안간힘을 쓸 것인가? 아니면 스스로 자극제가 되어 창의적인 대응책을 미리 개발해둠으로써 실제 위기 상황이 닥쳤을 때 위기를 간단하게 헤쳐 나갈 것인가?

즉흥극(아무 준비 없이 그때그때의 흥에 따라 즉흥적으로 연출되는 극-옮긴이)에서는 공연 도중 연기자가 줄거리를 뒤바꾸는 대사를 툭 던져 극의 재미를 높이는 기술을 '긴장감 높이기(raising the stakes)'라고 부른다. 예를 들어, "누군가 문 앞에 나타났다."라는 대사를 "FBI가 영장을 들고 문 앞에 왔다."로 갑자기 바꾸는 것이다. 그러면 함께 무대를 만드는 다른 배우들도 대본에는 없던 새로운 대사를 스스로 지어내면서 이야기를 연결시켜야 한다. '긴장감 높이기'가 시작되면 관객들이 더욱 집중하기 때문에 해당 장면이 빛을 발하게 된다.

갑작스러운 변화는 신선한 생각과 신선한 가능성을 불러일으킨다. 즉흥극 연기자들도 이러한 과정을 반복하다보면 어떤 대사에도 당황하지 않고 연극을 이끌어가는 명수가 된다. 연기자들이 도발적인 태도를 갖추고 자극을 받아들였기에 가능한 일이다.

아마 여러분도 깨닫지 못했을 뿐 '긴장감 높이기' 같은 상황을 여러 번 경험했을 것이다. 여러분을 감싸고 있는 안전 구역에서 내몰리는 일상의 모든 경험이 '긴장감 높이기'에 해당한다.

전 라디오 광고 작가이자 마법사 학교의 설립자이기도 한 로이 윌리엄스(Roy Williams)는 자신의 오랜 심리학자 친구에게 자신은 강의를 마치고 집으로 돌아가는 비행기를 타고 있을 때 가장 훌륭한 아이디어가 떠오른다는 이야기를 했다고 한다.

그의 친구는 로이 윌리엄스에게 이렇게 답했다.

"당연히 그럴 거야. 청중과 교감하는 일은 외향적인 행동이거든.

너는 외향적인 성향이 거의 없는 사람이니까."

그리고 무슨 말인지 모르겠다는 표정을 하고 있는 로이 윌리엄스를 쳐다보며 다음과 같은 말을 덧붙였다.

"불편한 상황을 만나면 창의력을 담당하는 뇌의 부분이 더 강해져. 그래서 기존의 규칙과 체계에 얽매이지 않는 사고를 할 수 있게 되는 거지."

친구의 이야기는 로이 윌리엄스가 다음과 같은 결론을 내리도록 도움을 주었다.

'인간은 네온사인과 같다. 우리는 가장 큰 자극을 받을 때 빛을 낼 수 있다.'

## 스스로 내가 바라는 변화가 되어라

창의력의 '불꽃'을 느껴본 사람은 많지만 스스로 불꽃을 일으키는 경우는 별로 없다. 또 늘 창의력이 샘솟는 상태를 유지하는 사람도 별로 없다. 그런 상태를 유지하는 것이 바로 게임 체인저(game changer, 판을 뒤흔들어 시장의 흐름을 통째로 바꾸거나 어떤 일의 결과를 뒤집어 놓을 만한 결정적인 역할을 한 사람을 가리키는 말-옮긴이)들이다.

여러분은 각자 한 치의 오차도 허용하지 않는 회계사가 되는 비법, 없어서는 안 될 고객 서비스 센터 직원이 되는 비법, 실적 높은 영업 사원이 되는 비법 등 자신의 업무에 대한 노하우를 가지고 있을 것이다. 하지만 결국 성과가 결정되는 것은 일상적인 업무를 진행할 때가 아니라 즉각적으로 해결해야 할 문제들이 동시에 밀어닥칠 때이다. 따라서 매일매일 새롭게 도발하는 방법을 배워둔다면 더 많은 성과를 낼 수 있게 된다.

앞으로의 회사 운영에 대한 계획이 완벽하다 하더라도 위기가 닥치기 전에 좋은 해결책을 마련해두느냐에 따라 지속적인 발전 여부가 결정된다. 외부의 요인을 수동적으로 받아들이기만 하는 방식은 거룻배를 타고 망망대해로 나가는 것만큼 위험하다. 여러분이 절대로 제어할 수 없는 요소들이 있기 때문이다. 파도가 없을 때는 조금만 애를 써서 노를 저으면 배의 방향을 자유자재로 틀 수 있기 때문에 자신이 배를 제어할 수 있다고 느낀다. 그러다가 세찬 바람이 불고 6미터 이상의 큰 파도가 덮쳐오면 배에 엔진이 달려 있지 않은 이상 바람과 파도의 방향대로 배가 휩쓸리고 만다. 그때야 우리는 우리가 쥐고 있는 노가 얼마나 보잘 것 없는 것인지 깨닫게 되는 것이다.

변화가 일어나도록 도발하는 여러분의 능력이 바로 배의 엔진이 되어줄 것이다.

지속적인 발전은 상황이 손을 쓸 수 없게 되기 전에 적절한 변화를 불러일으키는 능력, 발전하고 성취하기 위해서 관습을 타파하는 능력을 갖출 때 일어난다. 개인과 기업 모두에게 도움이 되는 도발적 태도를 갖추게 되면 업무가 늘 활기차다. 또 지위라는 허상에 사로잡힌 채 침몰하고 있는 배에 그대로 남아 있지 않게 될 것이다. 비로소 일과 회사가 진정한 나의 인생이 되는 것이다.

도발적인 태도의 본질은 간디의 말에서도 찾을 수 있다.

"당신 스스로 당신이 바라는 세상의 변화가 되어라."

이제 일과 회사와 세상에서 여러분 스스로 여러분이 바라는 변화가 될 수 있는 구체적인 방법에 대해 알아보자.

### 도발하는 사람의 4가지 비밀

"시위는 하지 않으면서 자유를 주장하는 사람들은 천둥번개도 없이 비가 내리기를 바라는 사람들이다."

미국의 노예 해방 운동가 프레더릭 더글라스(Frederick Douglass)의 말이다. 폭풍우를 이겨내지 못하면 초원이 푸를 수 없듯이 혼란을 겪지 않고는 결코 발전을 이룰 수 없는데도 오늘날의 기업들은 직원들이 혼란 없이 일하기를 원한다. 하지만 질서를 없애야 인생이 진정으로 여러분의 것이 되고 여러분의 회사도 함께 발전할 수 있다. 우리가 혼란을 자처하기 위해 스스로를 도발할 수 있는 몇 가지 방법을 살펴보자.

도발적인 태도란 현재 상황을 확인하기 위해 수시로 질문을 던지고, 그렇게 파악한 현재를 새롭게 바꿔보려는 태도를 말한다. 이것은 대단히 중요하다. 현재는 우리가 바꾸려고 하지 않으면 저절로 바뀌지 않기 때문이다. 현재에 대한 질문 던지기를 멈춘다면 인간은 빛바랜 생각들 속에서 살아갈 수밖에 없다. 자신의 틀 밖으로 한 발 물러서 서 객관적으로 현재 상황을 파악할 수만 있다면 쓸모없는 존재가 되는 위험은 피할 수 있다.

여러분은 주변 친구들의 인간관계가 틀어지는 모습을 옆에서 목격한 적이 있을 것이다. 그때 여러분에게는 그 친구의 인간관계가 틀어질 것이 빤히 보였지만 당사자는 전혀 알아채지 못했을 것이다. 왜일까? 그 친구는 자신의 인간관계를 객관적인 눈으로 바라본 적이 없기 때문이다. 객관적인 자기 검열은 여러분의 업무에서 발전의 걸림돌을 없애고, 회사가 계속 발전할 수 있도록 하는 데도 꼭 필요하다.

솔직히 자기 검열이 어렵다는 점은 인정해야한다. 나 또한 내가 하던 일을 그만두지 않았다면 얼마나 더 오랫동안 내 안의 예술가를 억누르며 살았을지 모른다. 나도 갑자기 일을 그만두게 되면서 예술의 길로 들어서게 된 것이지 평소에 자기 검열을 엄격하게 하는 사람은 아니었다. 자기 검열은 상실감, 비관, 스트레스 같은 과잉된 것들을 정제함으로써 순수하고 진정한 자신의 모습을 볼 수 있도록 해주는 과정이다.

우리 앞에 다양한 문제가 쌓여 있을 때에는 자신이 처한 상황에 감사하기가 어렵다. 시간이 흐른 뒤에야 힘들었던 시기를 되돌아보며 그때 의미가 있었다고 말하곤 한다. 나는 모든 일이 일어나는 데는 그만한 이유가 있다고 믿는 사람이지만 운명이 미리 정해져 있다거나 제어할 수 없는 것이라고 생각하지는 않는다. 나는 그래피티 아티스트가 될 자질이 충분한 사람이었다. 하지만 그렇다고 10년 가까이 자부심을 느끼며 했던 이전의 일을 그만둘 운명이었다고 믿지는 않는다. 인생의 더 큰 만족감과 즐거움을 찾으라는 내 마음의 신호를 진작부터 알아차렸다면 나는 상황이 심각해지기 전에 나에게 변화가 필요하다는 사실을 깨달았을 것이다.

문제를 객관적으로 관찰해야 하는데도 불구하고 감정에 치우치고 타성에 젖어 더 나은 방식을 찾아내지 못하는 경우가 많다. 혹시 여러분 스스로가 객관적으로 상황을 파악할 능력이 없다는 확신이 든다면 여러분의 틀 밖에 있는 누군가에게 신선한 관점이 필요하다고 도움을 요청해야 한다. 그 사람의 말을 귀담아 듣는다면 분명 큰 도움을 받게 될 것이다.

주기적으로 각 부서가 모여 서로의 시스템과 업무 진행 과정을 신선한 관점으로 관찰하도록 한다면 어떤 일이 일어날까? 하포 엔터테인먼트(Harpo Entertainment), 레오 버넷(Leo Burnett), 쉐보레(Chevrolet) 등 다수의 거물급 기업을 고객으로 관리하고, 해결하기 어려운 문제가 발생하면 기업 경영인들이 가장 먼저 찾는 기업 전문가 에스더 젤레스(Esther Jeles)는 그 일의 가치를 잘 알고 있었다.

초특급 태풍 카트리나(Katrina)가 멕시코 해안 지역을 덮쳐 그 일대가 큰 피해를 입은 직후, 에스더 젤레스는 한밤중에 어느 영화 제작사의 CEO로부터 회사에 큰 문제가 있으니 와달라는 전화를 받았다.

태풍 이후 영화로 만들 만한 소재를 건져오라는 지시를 받고 3백여 명의 직원이 재해 지역으로 향했고, 2주의 시간을 보낸 뒤 회사로 복귀한 상황이었다. 그런데 각 부서가 자기 팀의 업무만 중요하다고 주장하는 문제가 발생했다. 프로듀서들은 자신들이 발굴한 소재로 당장 영화를 제작해야 한다고 열을 올렸다. 반면 법무팀에서는 영화 제작에 앞서 취재 허가를 받고 판권을 확보해야 한다는 문제제기만 했다. 그들의 관심은 회사가 소송에 휘말리지 않는 데에만 있었다. 하지만 프로듀서들은 더 기다리고 싶지 않았다. 아니 기다릴 수가 없었다. 당장 영화를 제작해야 대중의 공감을 얻을 수 있기 때문이었다. 엎친 데 덮친 격으로 회사에서 제작 예산을 확보하지 못했다는 문제까지 있었다. 제작비는 이전 작품의 여섯 배에 달했다. 제작팀에서 이 비용을 어떻게 충당할 것인지 논쟁할 때 회계팀은 방관했다. 결국 비용 처리 문제도 해결되지 못했다.

에스더 젤레스는 예정된 회의 시간보다 빨리 극장처럼 꾸며진 영화제작사의 회의실에 도착했다. 그리고 몇 분 뒤 회의실로 들어오는 경영진들의 모습을 관찰했다. 경영진들은 하나같이 날이 서 있었다. 가장 먼저 각 부서가 현재 상황에 대한 프레젠테이션을 하게 했다. 하지만 온통 각자의 주장이 옳다는 이야기뿐이었다. 모두가 제자리에 앉은 뒤 에스더 젤레스는 앞으로 나가 인사를 하고 프로듀서 한 명에게 일어나 달라고 요청했다. 그리고 그에게 제작팀에서 법무팀을 돕기 위해 무엇을 할 수 있을지 말해 달라고 했다. 그는 제작팀이 법무팀 변호사들의 일을 덜어줄 수 있는 방법에 대해 정확하게 짚어냈다. 회의 분위기가 순식간에 바뀌었다.

에스더 젤레스는 계속해서 책임자 한 사람 한 사람에게 다른 부서의 직원들이 서로 돕기 위해 할 수 있는 일이 무엇인지 설명하도록 했다. 원래 이 회의는 치열한 언쟁 때문에 제대로 진행이 되지 않고 있었다. 그런데 놀랍게도 고작 30분 만에 직원 모두가 무턱대고 경쟁할 것이 아니라 각자 맡은 일에 최선을 다하고 또 힘을 합쳐서 좋은 성과를 내야한다는 데 뜻을 모았다.

회의가 끝난 뒤에도 각 부서의 책임자들은 회의실에 남아 문제를 극복할 수 있는 방법에 대해 적극적으로 의견을 나누었다. 회의 전과 분위기가 완전히 달라져 있었다. 에스더 젤레스가 한 것은 직원들이 자신의 틀에서 한 걸음 물러나 새로운 관점으로 상황을 관찰하도록 자극한 것뿐이었다. 그는 이러한 과정을 '더 귀 기울이기(louder listening)'라고 불렀다.

만약 여러분이 공격적인 회의 분위기에 지쳤다면 직접 나서서 분위기를 바꾸어보라. 어떻게 다른 부서에 도움을 줄 수 있는지, 어떻게 동료들을 도울 수 있는지에 대해 먼저 이야기해보라. 그런 여러분의 도발이 동료들의 태도를 바꿀 것이고, 모두 자신의 틀에서 벗어나 적극적으로 협력할 수 있게 될 것이다.

**두 번째 비밀** ▶ 당장 고통스럽더라도 옳다고 믿는 것을 하라

현재 업종을 막론하고 훌륭한 기회를 제공하는 것 중 하나가 소셜 미디어(social media)다. 하지만 인간미를 상실한다는 소셜 미디어의 특성 때문에 거부감을 느끼는 사람들도 있다. 사회적 계급이 높은 사람일수록 인간성을 숨기는 경향이 있다. 회사 경영진들은 어떨까? 그들은 소셜 미디어에서 잃을 것이 더 많을까?

소셜 미디어계의 권위자인 에이미 조 마틴(Amy Jo Martin)은 자신의 책《이탈자가 규칙을 쓴다(Renegades Write the Rules)》에서 2010년 전 세계적으로 유명했던 스포츠 기업이 노사 분쟁 때문에 기업 이미지와 수익에 큰 타격을 받았던 사건에 대해 자세히 설명했다.

당시 미국 프로미식축구 연맹(NFL)과 선수 협회는 연봉 문제로 열띤 공방을 벌이고 있었다. 이때 뉴올리언스 세인츠(New Orleans Saints)의 쿼터백이자 프로미식축구 연맹의 최고 선수인 드루 브리스(Drew Brees)는 연맹 측과 소유주들 간의 분쟁에 따른 자신의 의견을 대중에게 허심탄회하게 밝혔다. 반면 연맹 측은 침묵으로 일관하는 태도를 보였다. 예를 들어, 연맹의 커미셔너(commissioner, 프로 스포츠에서 품위와 질서 유지를 위해 모든 권한을 위임받은 최고 관리자-옮긴이)인 로저 구델(Roger Goodell)의 트위터 계정은 몇 달 동안 조용했다.

로저 구델이 침묵하면 여러분은 그가 무슨 말을 하고 싶어하는지 알 수 있는가? 그가 미국 프로미식축구 연맹이라는 브랜드의 가치를 더 높였는가? 에이미 조 마틴은 그렇지 않다고 딱 잘라 말했다. 오히려 대중은 로저 구델이 뭔가 숨길 것이 있거나 팬들을 별로 중요하게 여기지 않는다고 생각했다. 그의 침묵은 결코 좋은 선택이 아니었다. 로저 구델처럼 높은 지위에 있는 사람들에게는 잘못된 발언을 해서 법적 분쟁에 휘말릴 수 있는 가능성이 분명히 있다. 하지만 소셜 미디어만큼 그들이 직접 브랜드 이미지를 높이고 고객 또는 팬들과 직접 교감할 수 있는 기회가 없다는 것도 기억해야 한다.

로저 구델이 트위터를 통해 자신의 감정을 인간적으로 솔직하게 내보였다면 어땠을까? 적어도 수백만 명 이상의 사람이 그가 느끼는 압박감이나 자기 손으로 선수들을 제명해야만 했던 고충에 대해 이해할 수 있었을 것이다.

고통스러운 상황을 회피하지 마라. 특히 그것이 발전을 가져올 수 있는 문이라면 기꺼이 열고 들어가라. 어린 자식이 셋이나 딸린 내가 실업자가 되어 잔고도 충분하지 않으면서 그림 도구를 집어드는 것은 무척 고통스러운 일이었다. 내 좌뇌는 돈이 다 떨어지기 전에 얼른 무슨 일이라도 찾아 나서라고 소리쳤다. 이전에 해본 적도 없으면서 터무니없이 예술을 하겠다는 생각을 당장 그만두라고 말했다. 하지만 내 우뇌는 정반대의 말을 해주었다. 우뇌는 내가 이전의 일을 계속 하더라도 마흔 살이 되면 또 다른 틀 속에 다시 갇히게 될 거라고 했다. 논리적으로는 내 결정이 무모하고 위험했지만 나는 우뇌의 말이 옳다고 생각했다.

여러분의 상황이 나만큼 심각하지는 않을 것이다. 그래도 지금이 중요하다. 여러분 안의 예술가를 깨우려면 '단순히 원하는 것'을 넘어 '옳은 것'을 선택해야 한다. 아마도 여러분은 늘 편안함과 안정감을 추구하고 있을 것이다. 그것이 인간의 본능이다. 하지만 발전은 옳은 일을 적절한 행동으로 옮길 때 이루어진다. 주위에 해를 끼치는 동료에게 맞서는 일, 마감 기한이 몇 시간밖에 남지 않은 상황에서 새로운 문제점을 지적하는 일, '부서 전체의 실패'라는 핑계 뒤에 숨지 않고 자신의 실패를 인정하는 일 등은 결코 안전한 선택이라고 할 수 없다. 하지만 위험을 감수하고 모험을 시작해보면 아무 일도 일어나지 않았을 때보다 삶에 대한 만족감이 크다는 것을 알게 될 것이다.

**세 번째 비밀** ▶ **나만의 방식을 시도하라**

대부분의 사람은 예외를 만드는 일에 겁을 먹는다. 일이 위태로워질 정도로 완전히 진행 방향을 틀거나 무턱대고 위험을 무릅쓰라는 말이 아니다. 여러분에게 확실한 아이디어가 있다면 용기를 갖고 반드시 시도해야 한다.

사실 여러분의 업무에는 생각보다 융통성이 많다. 예를 들어, 전화 통화를 할 때 말투나 통화 예절만 조금 바꾸어도 상대방에게 신뢰감을 줄 수 있다. 몇몇 기업은 전화 응대 시 모든 직원이 똑같은 인사말을 할 수 있도록 지침을 정해두었지만 분명 상대방이 느끼기에 반갑게 맞아준다고 느끼는 인사말과 건조하게 대본을 읽고 있는 것처럼 들리는 인사말에는 차이가 있다. 만약 여러분에게 상대방에게 더 친절하게 들릴 수 있는 인사말에 대한 아이디어가 있다면 일단 써먹어보라. 여러분이 새롭게 생각해낸 방식이 고객과 회사를 더 친밀하게 만들어준다면 회사에서도 그만두라고 하지 못할 것이다.

주인 의식을 가지고 업무를 완벽하게 파악해라. 다른 사람들이 의문을 갖거나 스스로 회의감이 들지 않도록 업무의 질을 최고로 높여라. 자신의 경력은 물론 회사의 성공을 위해 최선을 다하라. 무슨 일을 하든 모든 면에 있어서 혁신적이고 우수하다는 평가를 받아내야 한다. 그래야만 앞으로 회사에 방해받지 않고 더 자유롭고 즐겁게 일을 추진할 수 있다.

미국 최대의 온라인 신발 쇼핑몰인 재포스(Zappos)의 설립자이자 CEO인 토니 셰이(Tony Hsieh)는 직원들에게 다소 위험할 정도의 자율성을 보장한다. 재포스의 소비자 상담 업무 원칙은 단 하나다.

'자신의 생각대로 최선의 판단을 내려라.'

믿을 수 없다. 어떻게 '각자의 생각대로'라는 원칙으로 소비자 만족도가 높은 기업이 될 수 있었을까? 어떻게 브랜드 가치가 수백 억 달러인 기업이 가장 어린 직원들의 '최선의 판단'에 소비자 서비스를 맡길 수 있었을까?

재포스는 자신만의 방식으로 온라인 쇼핑몰을 대표하는 기업으로 성장했다. 재포스의 직원들은 "재포스가 아닌 다른 회사에서 근무하는 일은 상상조차 할 수 없다."라고 말했다. 또 그들은 진심으로 자신의 업무에 애정을 갖고 자발적으로 회사의 원칙(재포스의 경우에는 단한 가지의 원칙)을 높은 수준으로 끌어올려 실행시키면서 능력을 발휘하고 있다. 직원들이 자신이 맡은 업무에 철저한 주인 의식을 갖고 임했기 때문에 가능한 일이다. 직원들은 소비자를 진심으로 이해하고 그들에게 봉사하려는 태도를 갖췄다. 또한 24시간 이내에 제품이 소비자의 집 앞까지 도착하는 놀라운 배송 방식으로 충성도가 높은 고객들은 유치했다. 여러분은 토니 셰이가 직원들에게 좀 더 간섭하고 싶어한다고 생각하는가? 또는 넘쳐나는 창의력을 주체할 수 없어 밤잠을 설친다고 생각하는가?

토니 셰이는 직원 개개인에 대한 간섭을 최소한으로 줄여 파격적인 업무 체계를 갖춘 경영자다. 하지만 여러분이 그의 밑에서 일한다 하더라도 업무에서 한계를 느끼는 것은 똑같을 것이다. 결국 그때도 현재의 상황을 그대로 받아들이거나 직접 상황을 바꾸는 두 가지 중에서 선택을 해야만 한다. 그리고 회사는 시키지도 않은 무언가가 바뀌고 나서야 변화가 중요하다는 사실을 느낄 것이다.

**네 번째 비밀** ▶ **일반적인 룰을 깨라**

1961년, 과학자 에드워드 로렌츠(Edward Lorenz)가 기상 관측 프로그램을 이용해 실험을 진행하던 중이었다. 첫 번째 실험을 마친 그는

세 번째 강의_빨리 창조하고 빨리 실패하라

관측 기간을 더 길게 설정하여 한 번 더 프로그램을 돌려보기로 했다. 그리고 첫 번째 실험과 똑같은 값을 프로그램에 입력하고 실행을 시킨 뒤 자리를 비웠다.

그는 기간만 달라졌으므로 첫 번째 결과와 이번 결과가 똑같을 것이라 예상하면서 다시 연구실로 돌아왔다. 그런데 놀랍게도 두 번째 실험에서 나온 날씨 변화의 궤적은 첫 번째 것과 완전히 달랐다. 그는 프로그램이 오작동을 일으킨 것이라고 생각했다. 그런데 실험 결과를 좀 더 자세하게 살펴보던 중 자신이 첫 번째 때와 수치를 조금 다르게 입력했다는 사실을 알게 되었다. 첫 번째 실험에서는 0.123456처럼 소수점 이하 여섯 자리를 입력했지만 두 번째 실험에서는 0.123처럼 소수점 이하 세 자리까지밖에 입력하지 않았다. 0.1 이하의 미세한 차이가 실험 결과를 완전히 바꾼 것이다. 이 간단한 실험을 통해 그는 날씨를 정확하게 예측한다는 것은 불가능하다고 결론 내렸다.

다음 해 에드워드 로렌츠는 자신의 새로운 발견을 논문으로 세상에 내놓았지만 이후 10년간 전혀 주목을 받지 못했다. 그러다가 1972년에 발표한 또 다른 논문 '브라질에 있는 나비 한 마리의 날갯짓이 미국 텍사스에서 토네이도를 일으키는가?(Does the Flap of a Butterfly's Wings in Brazil Set Off a Tornado in Texas?)'가 '나비 효과'로 알려지면서 그의 생각이 세계의 이목을 끌었다.

그가 말한 '나비 효과'처럼 업무 과정에서 바꾼 한 가지, 업무 과정

아무것도
변하지
않을지라도,
내가 변하면
모든 것이
변한다.

★오노레 드 발자크

에서 생략한 한 가지 등의 아주 사소한 변화가 때로는 가장 큰 효과를 불러오기도 한다는 점을 기억해야 한다. 전화 응대 인사말이 회사 전체의 이미지를 바꿀 수 있는 것처럼 말이다.

우리는 회사 전체에 사이렌이 울릴 정도로 대단한 수준의 것이어야 한번 바꿔보자는 말을 할 수 있다고 생각하기 때문에 도발적인 태도를 갖추고 실천하기가 어렵다. 또 그런 말을 하면 모든 사람으로부터 주목을 받게 될 것이라고 생각한다. 하지만 아주 작은 것부터 실천하기 시작한다면 결코 그런 걱정은 하지 않아도 된다. 하지만 혹시라도 그런 일이 벌어진다 하더라도 자신이 긍정적인 변화를 향해 나아가고 있음을 기억하라. 어디에나 그런 행동을 마땅치 않게 생각하는 사람은 늘 있다. 그러니 무조건 추진하라. 세상은 물론 기업에서도 도발적인 인재를 원하는 추세다. 물러서지 마라. 현재의 상황을 도발하는 행동만이 좀 더 나은 방향으로 발전하는 유일한 방법이다.

내가 강연을 하러 여러 도시를 방문할 때마다 '아트 드롭(art drop)' 이벤트를 벌이는 것도 사람들의 일상을 도발하기 위해서다. 아트 드롭은 불특정 장소에 내 그림을 숨긴 뒤 페이스북과 트위터로 힌트를 주어 그것을 찾은 사람에게 선물하는 깜짝 이벤트다. 만약 아무도 그림을 찾아내지 못하면 두 번째 힌트와 함께 숨긴 장소를 찍은 사진을 추가로 올린다. 적극적으로 모험에 뛰어드는 행동 자체가 보물찾기 행사의 참가비다. 그림을 찾아내면 자기 것이 된다는 확실한 보상도 있다. 하지만 그림을 찾지 못하더라도 일상에서 벗어나 짧은 휴식을 누렸다는 사실만으로도 충분한 보상을 받은 것이다.

화랑이나 경매장에 가면 자신의 작품을 판매하려는 예술가들로 가득하다. 하지만 나는 내 그림이 화랑에 걸린 그림들보다 사람들의 삶에 더 많은 영향을 끼쳤으면 좋겠다고 생각했다. 그래서 내 그림을 상품으로 팔지 않고 브랜드 전략의 수단으로 삼게 된 것이다. 아트 드롭에 참여하는 일은 나와 친구가 되어 함께 여행을 떠나는 것과 같다. 그러니 찾아낸 그림을 무료로 선물하는 것은 너무나 당연하다.

일반적인 원리로 보자면 만들고, 시장에 내놓고, 팔아야 이익이 생긴다. 하지만 나는 돈으로 살 수 없는 새로운 가치를 창출하기 위해 일반적인 원리를 거스르기로 했다. 나의 목표는 판매하지 않고도 사람들과 감정적인 유대감을 쌓아 내 그림을 찾는 사람들이 생기도록 하는 것이었다. 파격적인 전략이었다. 과연 나는 이 전략으로 어떠한 성과를 얻게 되었을까?

판매를 하지 않자 오히려 그림의 가치가 굉장히 높아지게 되었다. 자선 행사 같은 곳에 그림을 내놓으면 엄청난 고가에 거래되었고, 나는 이 수익을 사회에 환원해 좀 더 나은 세상을 만드는 데 기여할 수 있었다. 할리우드(Hollywood)에서 열린 폭력 퇴치 기부 행사에서는 유명 록스타인 핑크(P!nk)가 마릴린 먼로(Marilyn Monroe)를 그린 내 그림을 경매로 1만 달러에 낙찰받았다. 유명 연예인들이 대거 참석한

이 행사 모습을 찍은 파파라치컷이 전 세계로 퍼져나가면서 하룻밤 사이에 내 그림의 가치가 치솟게 되었다.

내가 작품을 일반적인 방식으로 판매하지 않는 또 하나의 이유는 아트 드롭 같은 이벤트를 통해 부유층만이 아닌 누구나 내 그림을 가질 수 있길 바라기 때문이다. 결국 나는 진정으로 내 그림의 진가를 알아보는 사람들에게만 그림을 팔아서 일반적인 방식으로 판매하는 예술가들보다 훨씬 더 높은 수익을 창출할 수 있었다. 게다가 내 방식은 기존의 방식보다 사람들에게 더 큰 재미도 선사한다.

**creative note** 나는 현재의 상황을 객관적으로 판단하고 있는가? 타성에 젖어 내 상황을 왜곡되게 보고 있지는 않은가? '편안한 것'이 아니라 '옳은 것'을 선택하고 있는가? 떠오르는 아이디어가 있어도 현재에 안주하기 위해 입을 다물고 있지는 않은가?

### 뭔가를 바꿀 행동을 실천하라, 그것을 반복하라

도발적인 태도는 여러분을 예술가로 변화시켜줄 뿐 아니라 인생이라는 여정에서 모험의 요소들이 점점 더 증폭되도록 한다. 이것이 도발적인 태도가 숨기고 있는 커다란 비밀이다. 겨우 계단 두 칸 위에서 뛰어내릴 수 있을까 조바심을 내던 여러분의 어린 시절을 떠올려보라. 일단 한 번 뛰어내리는 데 성공한 뒤부터는 전혀 다른 세상에서 훨훨 날기 시작했을 것이다. 몇 주도 지나지 않아서 계단 네 칸 뒤에서 훌쩍 뛰어내렸을 것이고, 급기야는 나뭇가지나 학교 수영장의 가장 높은 다이빙대 위에서 뛰어내리는 순간을 맞이했을 것이다.

도발적인 태도 또한 마찬가지다. 도발적인 행동을 10년 지속한다고 해서 처음보다 결과를 정확하게 예측하게 되는 것은 아니다. 하지만 근육이 점점 단련되면서 도발적인 행동이 좀 더 쉽고 재미있어질 것이다. 그리고 시도하지 않고 성취할 수 있는 일은 절대로 존재하지 않는다는 사실을 거듭 깨닫게 될 것이다.

여러분은 지금 당장의 편안함에 파묻혀 있지 않은가? 무언가를 바꿀 행동을 실천하라. 그리고 그 일을 멈추지 말고 반복하라. 지금 여러분의 주변에도 새롭게 시도해볼 만한 일이 분명 있을 것이다.

# 직감을 더하라

      나는 강연을 위해 다른 도시를 방문할 때마다 현지에서 열리는 콘서트를 가능한 한 많이 관람하려고 노력한다. 그 결과, 지금까지 뉴질랜드(New zealand)에서 열린 케이티 페리(Katy Perry)의 공연, 런던(London)에서 열린 메탈 그룹 콘(Korn)의 공연, 달라스(Dallas)에서 열린 컨트리 음악 밴드 딕시 칙스(Dixie Chicks)의 공연. 로스앤젤레스(Los Angeles)에서 열린 롭 벨(Rob Bell)의 공연, 마이애미(Miami)에서 열린 데드마우스(Deadmau5)의 공연까지 매우 다양한 공연을 접했다. 나는 공연장에서 미지의 세계를 탐험하는 아이가 되어서 무대를 이끌어가는 가수와 이에 호응하는 팬들의 역동적인 관계를 배워나간다. 또한 무대에 깊이 몰입하기 때문에 매번 강력한 감정의 소용돌이를 경험하곤 한다. 무대에 몰입하게 되면 절대로 가만히 앉아서 공연을 볼 수 없다. 나는 데드마우스의 소녀팬들을 따라 폴짝 폴짝 뛰고, 콘의 팬들과 뒤섞여 춤을 추기도 했다.

공연에 온 관객들이 가수에게 그토록 열렬하게 반응하는 이유는 무엇일까? 나는 이 질문에 대한 답을 수많은 관객 앞에서 벌이는 내 그래피티 쇼에도 적용할 수 있을 거라고 생각했다.

수년 동안 여러 가수의 공연을 관찰한 결과, 한 가지 공통점을 찾을 수 있었다. 성공적으로 공연을 이끄는 가수들은 사전 계획과 다르더라도 즉흥적으로 현장 분위기와 그곳에 모인 관객들에게 맞는 이야기를 해나갔다. 그리고 즉흥적인 그 순간에 가수와 관객 모두 최고의 만족감을 느끼는 것처럼 보였다.

가수과 관객이 서로 앞서거니 뒤서거니 하며 서로 교감하는 것은 수많은 경험과 직감이 조화를 이뤘기에 가능했다. 감각과 감정에 의해 발현되는 창의적인 충동을 적절하게 조절해보았던 경험(공연 주체인 가수와 객체인 관객으로서의 경험 모두)을 바탕으로 체계적인 노하우를 쌓아온 것이다.

정상급 가수들은 정확한 시간 설정과 사전 계획 과정을 통해 관객이 좋아할 만한 노래와 그들에게 선보일 무대를 철저하게 준비했다. 하지만 현장에서 관객이 원하는 방향에 따라 조금 더 그들을 열광시키기도 하고 차분하게 만들기도 했다.

여러분 또한 업무에서 내가 만났던 가수들처럼 끊임없이 전략과 직감을 조화시켜 나가야 한다. 그래야만 여러분이 만나게 되는 위기를 모두 잘 헤쳐나갈 수 있다.

## 오리지널을 창조하는 사람이 되려면

'사실이라고 아는 사실'과 '사실이라고 느끼는 사실'이 있다. 사실이라고 아는 사실을 바탕으로 문제를 해결하고 획기적인 발전을 꾀하려는 것이 바로 논리적 사고다. 하지만 논리적 사고만으로는 남들과 똑같은 길을 걸을 수밖에 없다. 비슷하거나 관련된 요소들을 적당히 재배열하여 해결책을 찾는 데 그치기 때문이다.

우리가 '발전'했다고 말하는 것들도 알고 보면 기존의 틀 안에서 수평적인 변화만 일으키는 경우가 많다. 솔직히 업그레이드 된 제품이라고 광고하지만 지난해 출시되었던 그 제품과 크게 다른 점이 있는가? 소비자 서비스 분야에서도 마찬가지다. '고객 여러분을 더 잘 모시겠습니다.'라고 약속하지만 실제적으로 달라지는 것은 없다. 기존 제품을 개선하는 자체가 잘못된 행위는 아니다. 하지만 아무리 개선한다 해도 처음으로 가장 큰 관심을 불러일으켰던 '오리지널(original)'을 따라올 수는 없다. 오리지널이야말로 파격적으로 기존의 틀을 깨고 새로운 기회를 창출해낸 결과물이다. 이왕이면 우리는 오리지널을 창조하는 사람이 되어야 한다.

새로운 생각과 발전으로 이어지는 길은 한 번 가기 시작하면 더 자주 가게 된다. 하지만 가장 먼저 자신의 지식을 좀 더 믿는 법을 배워야만 한다. 그리고 자신의 직감 또한 믿을 줄 알아야 한다. 일을 성공시킬 수 있는 가장 훌륭한 전략은 지식과 직감 중 어느 하나가 아니라 두 가지를 모두 활용할 때 나온다.

대부분의 사람이 지식과 직감 중 어느 한쪽만 치우쳐서 사용하고 있다는 것이 문제다. 우리는 지식과 직감이 서로 잘 어울리지 않는다는 것을 알고 있다. 그래서 이미 알고 있던 사실들로만 일의 결과를 예측하기도 하고, 직감으로만 밀어붙이면서 잘 해결되기를 바라기도 한다. 하지만 여러분도 조금만 훈련한다면 확실한 사실인 '논리'와 막연한 느낌인 '직감'을 어떻게 효율적으로 조화시킬 수 있을지 깨닫게 될 것이다.

> **creative note**
>
> 지금 진행하고 있는 업무의 결과가 어떨 것이라고 예측하는가? 이전의 경험과 알고 있는 지식만으로 예측한 결과인가? 혹은 직감에만 의존하여 막연하게 문제가 잘 해결되기를 바라고 있지는 않은가? 일을 성공시킬 수 있는 가장 훌륭한 전략은 지식과 직감 중 어느 하나가 아니라 두 가지를 모두 활용할 때 나온다.

### 나의 경험은 정말로 충분한가

여러분 안의 예술가는 논리만으로는 최고가 될 수 없다는 사실을 잘 알고 있다. 어린 시절의 여러분은 자신이 모르는 것과 앞으로도 결코 알 수 없는 것들이 있다는 사실을 자연스럽게 인정했다. 그런데 모르는 것이 많았는데도 어릴 때는 새로운 발견을 자주 해냈다. 그것은 아는 게 별로 없어서가 아니라 아는 게 아예 없어서 가능했던 일이다.

예민한 감각이 여러분이 가진 가장 훌륭한 자원이었다. 듣고, 냄새 맡고, 보고, 만지고, 맛을 보면서 알아낸 수많은 사실이 여러분을 둘러싼 세상을 파악하도록 이끌어주었다. 이제 막 걷기 시작한 아기 곁에 있어본 사람이라면 "입에 든 게 뭐야?"라는 말을 아기에게 가장 자주 하게 된다는 사실을 알 것이다. 아기들은 레고 블록, 고무줄, 떨어져 나온 바비 인형 몸통, 동전, 심지어 담배꽁초까지 입에 넣고 맛을 본다. 그렇게 그들은 어떤 것이 맛이 좋고, 어떤 것이 맛이 좋지 않은지를 빠르게 배워나간다. 아기의 이런 행동은 비효율적일 만큼 무척 저돌적이다. 하지만 무언가를 섣불리 예측하지 않기 때문에 끊임없이 발전할 수 있는 방식이기도 하다.

어린 시절의 여러분은 미리 결과를 가늠해볼 수 있을 만한 경험이 충분하지 않았다. 그런데 사실 지금의 여러분도 크게 다르지 않다. 그냥 여러분 스스로 경험이 충분하다고 착각하고 있을 뿐이다.

예측한 결과는 실제 결과와 절대로 같을 수 없다. 언제 어디에나 제어할 수 없는 요인이 존재하기 때문이다. 에드워드 로렌츠가 '나비 효과'를 발견했을 때 참신하다고 극찬을 받은 것은 당시만 해도 기상학자들은 그들이 날씨를 정확하게 예측할 수 있다고 믿었기 때문이다. 이론대로라면 정해진 공식에 변수만 바꿔서 입력하면 내일 또는 모레의 날씨를 누구나 정확하게 예측할 수 있어야 한다. 하지만 수많은 변수가 존재하기 때문에 정확한 날씨를 파악하는 것은 사실상 불가능하다.

에드워드 로렌츠의 발견 이후 기상학자들은 좀 더 정확하게 날씨를 예측할 수 있는 새로운 방식을 개발해나가기 시작했다. 변수 발생 확률이 낮은 24시간에서 72시간 이후의 날씨를 파악하는 데 집중하기로 한 것이다. 그리고 지속적으로 날씨가 바뀔 것 같은 징후들을 관찰하면서 일기예보를 수정해야 하는 상황에 미리 대비하게 되었다.

여러분과 내가 회사에서 창의적으로 일하기 위해서는 이미 알고 있는 사실에 대한 의존성을 낮춰야 한다. 그래야만 아직은 알 수 없는 막연한 사실을 잘 느끼고, 더 큰 생각을 해낼 수 있다.

**creative note**

나의 업무 경험은 정말로 충분한가? 경험에서 생긴 편견 때문에 새로운 가능성을 놓치고 있지는 않은가? 경험 의존도를 낮춰야 한다. 예측으로 가능성을 가두지 마라. 내가 알지 못하는 사실이 많다는 것을 인정하는 데서부터 창의력이 시작된다.

## 당신에게 직감이 필요할 때

우리는 어렸을 때 이미 습득한 지식이 아니라 새롭게 발견한 사실에 기반해 모든 결정을 내렸기 때문에 아주 많은 것을 빠르게 배워나갈 수 있었다. 하지만 지식을 습득하는 것이 진리와 성공을 얻을 수 있는 유일한 방법이라고 배우면서 상상력을 바탕으로 한 사고방식을 완전히 잊어버렸으며, 모르는 것을 부끄럽게 여기기 시작했다.

일도 마찬가지였다. 탐험하거나, 의문을 제기하거나, 자신만의 전략을 세울 기회가 없었다. 회사는 우리가 확실한 사실만 바탕으로 하여 움직이길 원했다. 물론 지식과 문제를 해결하는 능력이 밀접한 관계가 있는 것은 사실이다. 하지만 직감이 없다면 결코 혁신을 이룰 수 없다. 그러므로 직감이 곧 성공의 핵심 키워드라고 말할 수 있다.

여러분이 무슨 일을 하고 있든지 낡은 지식으로는 해결되지 않는 문제를 만나게 될 때가 있다. 그때가 바로 직감이 필요한 순간이다.

나는 최근 한 친구로부터 유명한 인생 상담사인 토니 로빈스(Tony Robins)의 행사에 참여했다가 겪은 일화를 듣게 되었다. 세계 최고의 진행자인 래리 킹(Larry King)이 "인간 잠재력의 지도자"라고 평가하기도 했던 토니 로빈스는 엄청난 열정과 에너지를 가진 인물이었다. '내부의 힘을 키워라!'라는 주제로 강연이 펼쳐지고 있는 현장이었다. 토니 로빈스는 3천 명이 넘는 청중 사이를 지나 무대 위로 올라왔다. 유대인, 이슬람교도, 기독교인 등 다양한 종교를 가진 사람은 물론, 이혼한 사람, 신혼 부부, 미혼인 사람, 더 높은 자리에 오르고자 하는 인생의 우등생, 인생에서 가장 힘든 시기를 겪고 있는 열등생이 한자리에 모여 있었다. 오전 여덟 시부터 자정이 넘을 때까지 강연이 계속되었다. 공식적인 식사 시간이나 휴식 시간도 따로 없는 고된 일정의 행사였다.

토니 로빈스는 90분마다 한 번씩 음악을 크게 틀고 모두가 일어나 뛰어다니면서 신나게 춤을 추게 했다. 이런 행동이 불편하다고 느껴지는 것, 바로 그 감정이 이 행사에서 다루려고 하는 중요 소재 중 하나였다. 그는 춤을 통해 사람들이 맑은 정신이 되어 무언가를 열심히 배우고, 각자의 틀 밖으로 나와 새로운 가능성을 발견하고, 현재 자신의 상태를 객관적으로 관찰할 수 있기를 바랐다. 또 청중들이 강연을 통해 자신이 어떤 사람이 되어야 할지 깨닫고, 그렇게 될 수 있는 구체적인 방안을 스스로 발견하길 바랐다.

그가 이 행사를 성공적으로 마치기 위해서는 언제 분위기를 더 고조시켜야 하는지, 언제 사람들의 흥분을 가라앉혀야 하는지 등 청중의 분위기를 한눈에 파악할 수 있는 엄청난 직감이 필요했다. 반대로 그곳에 모인 청중들에게 필요한 것 역시 지식이 아니라 직감이었다.

행사가 시작된 지 여섯 시간쯤 되었을 때 그는 잠시 하던 말을 멈추더니 갑자기 자살 충동을 느껴본 사람이 있느냐는 질문을 던졌다. 그러면서 3천 명 정도가 모여 있으니 통계학적으로 봤을 때 다섯 명 정도는 있지 않겠냐며 자살 충동을 느껴본 적 있는 사람이 있다면 손을 들어보라고 했다.

내 친구가 주위를 둘러보니 스무 명도 넘어 보이는 사람이 머뭇거리며 손을 들었다고 한다. 토니 로빈스는 손을 든 사람들을 잠깐 바라보더니 무대 아래로 내려갔다. 친구의 말에 의하면 그는 근육질인데다가 키가 2미터가 넘는 다소 위압적인 인상의 소유자였으나 그 순간만큼은 전혀 그렇게 보이지 않았다고 한다. 무대 양쪽에 설치된 대형 스크린으로 그가 움직이는 모습이 비춰졌다. 그는 가장 먼저 60대

지식은 행동을 통해서만 얻어져야 한다. 해보지 않은 모든 것은 공상이다.

★소포클레스

로 추정되는 맨 앞줄의 나이 지긋한 남자에게 다가갔다. 그는 그 남자를 자리에서 일으켜 세운 뒤 자살 충동을 느껴본 적이 있냐고 물었다. 남자는 약간 긴장한 듯 피식 웃더니 그렇다고 대답했다. 토니 로빈스가 그런 생각을 한 이유가 뭐냐고 묻자 남자는 다시 한 번 미소를 짓더니 대답을 하려고 했다. 토니 로빈스는 남자의 말을 막으며 그의 어깨를 두드렸다. 그리고 힘든 시기를 겪었지만 자살하지 않은 것은 분명하니 답을 하지 않아도 괜찮다고 말했다.

토니 로빈스는 다른 두 사람에게도 똑같은 방식으로 질문했다. 두 사람 모두 힘든 시기를 견디는 중이라고 말했지만 진짜 자살할 사람들처럼 보이지는 않았다. 토니 로빈스는 다시 무대 위로 돌아가 자신의 인생에 대해 스스로 하는 평가가 인생의 의미를 어떻게 달라지게 하는지에 대한 강의를 계속 이어나갔다. 그리고 우리가 얼마나 자주 자신의 인생에 대해 부정적인 평가를 내리고 있는지에 대해서도 설명했다. 내 친구는 토니 로빈스가 앞서 손을 들었던 사람들을 잊은 것처럼 갑자기 강연 내용을 바꾸어서 좀 의아했다고 한다.

### 대본에서 벗어나면 누군가의 인생도 바꿀 수 있다

그렇게 몇 분이 지난 뒤 그제야 그는 사람이 정말로 자살에 이르게 되는 상황이란 게 어떤 건지 자세히 설명하기 시작했다. 그러더니 다시 하던 이야기를 멈추고 아직도 자살하고 싶은 사람이 있다면 손을 들어보라고 했다. 한 사람이 손을 들었다.

세 번째 강의_빨리 창조하고 빨리 실패하라

마지막까지 자살하고 싶다고 응답한 사람은 행사장 뒤쪽에 무표정하게 앉아 있는 30대 중반의 남자였다. 토니 로빈스가 그 남자에게 일어나 달라고 하자 그는 마지못해 하면서 자리에서 일어났다. 스크린에 젊은 남자의 얼굴이 비춰졌다. 토니 로빈스는 그 남자에게 오늘 기분이 어떤지 등의 평범한 질문을 던졌고, 남자는 무대 쪽을 멍하게 응시하면서 질문에 답을 했다. 토니 로빈스는 이 순간을 놓쳐서는 안 된다고 생각했는지 무대 아래의 오른쪽 통로를 따라 20여 미터 정도를 걸어갔다.

그리고 뒤에서 여섯 번째 줄에 있는 그 남자의 자리로 가까이 다가가서 남자에게 통로로 나와 달라고 요청했다. 남자가 통로로 나오자 토니 로빈스는 한쪽 팔로 남자의 어깨를 다정하게 감싸더니 자기 쪽으로 꽉 끌어당겼다. 다른 한 손으로는 자그마한 유선 마이크를 입에서 멀리 떨어지도록 치웠다. 그리고 몸을 숙여 그 남자에게 다정하게 귓속말을 하기 시작했다.

무슨 말을 하는지는 전혀 알 수 없었지만 몇 초에 한 번씩 가볍게 고개를 끄덕이는 남자의 모습이 스크린을 통해 보였다. 토니 로빈스는 1분 정도 계속해서 귓속말을 했다. 한번은 어깨를 감쌌던 손을 옮겨 남자의 머리를 다정하게 쓰다듬었다. 마치 아버지가 아들을 다독이는 듯이 보였다. 귓속말이 끝나자 토니 로빈스는 남자의 머리를 손으로 감싼 채 그의 두 눈을 똑바로 바라보며 말했다.

"괜찮아요?"

남자는 눈물 한 방울을 떨어뜨리며 고개를 끄덕였다. 그로부터 한 시간 후, 토니 로빈스는 자살하고 싶다고 했던 그 남자를 무대 위로 불러 그가 느끼는 감정과 정체감에 대해 구체적으로 상담을 해주었다. 그리고 상담을 통해 남자의 인생에 대한 태도가 완전히 바뀌었다. 그 모습을 지켜보던 사람들도 공감하고 함께 기뻐했다. 재미있는 점은 내 친구 역시 3천 명의 참석자와 함께 인생에 대한 태도가 바뀌었다는 것이다.

　내 친구는 토니 로빈스가 마이크를 가리고 그 남자에게 귓속말하는 모습을 지켜보면서 그 행사가 자신감을 가지라는 등의 진부한 이야기를 늘어놓는 다른 강연과 조금 다르다는 생각이 들었다고 한다. 내 친구는 특별히 힘든 일을 겪은 적도 없었고 자살 충동도 느껴본 적 없었다. 남들처럼 '또 누가 돈을 벌러 왔구나.' 하는 냉소적인 태도로 강연이 끝난 뒤 실망할 준비를 미리부터 하고 있었던 사람이다. 또한 강연 중간에 사람들이 음악에 맞춰 춤을 출 때도 얼른 끝나서 자리에 앉았으면 좋겠다고 생각하며 어색해하던 사람이다.

　그런데 내 친구는 그 사건을 목격한 뒤부터 토니 로빈스에 대한 깊은 신뢰를 갖게 되었다. 이후 내 친구는 남아 있던 나흘간의 일정에 누구보다 적극적으로 참여했고, 개인적으로 발전하는 시간이 되었다며 행사에 대해 긍정적인 평가를 했다.

나는 정해진 계획에만 집착하고 있지 않은가? 내가 알고 있는 사실이 최고의 정보라고 확신할 수 있는가? 구체적인 계획을 세우되 계획에 없었던 일이 발생했을 때 그 일의 가치를 깔보지 마라. 때로는 마음을 열고 느끼는 대로 받아들이기만 해도 충분히 문제를 해결할 수 있다.

## 뜻밖의 발견, 세렌디피티의 순간

토니 로빈스는 직감을 효과적으로 사용하는 법을 터득한 사람이다. 그런데 만약 여러분이 직감을 어떻게 사용하는지 이제 막 배워가는 단계라면 사소한 직감을 통해 큰 효과를 누릴 수 있다는 사실 자체를 아는 것만으로도 큰 도움이 될 것이다. 문제를 해결할 때 꼭 지식과 직감을 똑같은 수준으로 사용하지 않아도 된다. 때로는 마음을 열고 느끼는 대로 받아들이기만 해도 충분히 문제를 해결할 수 있다.

러시아 출신의 배우이자 연극 연출가인 콘스탄틴 스타니슬랍스키(Constantin Stanislavski)는 연기자는 관객이 현실이 눈앞에 펼쳐지는 것처럼 느낄 수 있도록 사실적인 연기를 해야 한다고 주장했다. 이것이 오늘날 사실적인 연기의 원조다. 그는 "연기자가 배역의 옷과 행동만 흉내내는 것이 아니라 관객으로 하여금 배역의 욕망과 감정을 느낄 수 있게 해야 한다."라고 말했다. 연기자들은 그의 연극론을 습득함으로써 '고맙습니다.'라는 대사 하나의 감정 표현도 연기자에 따라 다양해질 수 있다는 사실을 이해할 수 있게 되었고, 관객들에게 더 큰 공감을 불러일으키는 연기를 할 수 있게 되었다.

특별히 나는 스타니슬랍스키의 연극론으로부터 관객의 반응을 잘 받아들이는 법을 배웠다. 공연에서 관객이 나에게 보여주는 '대본', 예를 들면 표정, 웃음, 한숨 등에 주의를 기울였다. 그래서 준비한 이야기만 떠들거나 계획했던 그림을 그리는 데 집중하지 않고 좀 더 학술적 정보를 가미해야 할지, 신나고 활동적인 요소를 추가해야 할지 등을 그때그때 결정할 수 있게 되었다. 그리고 관객들이 강연의 속도를 늦추거나 올리기 원하는지, 말을 더 빠르게 하기를 원하는지도 느낄 수 있었다. 직감을 갖추게 되자 어떤 상황이 생겨도 당황하지 않고 잘 대처하게 되었고, 내가 전달하고 있는 내용을 관객이 잘 이해하고 있는지도 파악할 수 있게 되었다. 직감은 꼭 무대에서만 필요한 것은 아니다. 사실 여러분의 직감이 진짜로 '공연'되는 대부분의 순간은 사람들과 일상적으로 대화하고 소통할 때이다.

고객, 동료, 자녀가 무슨 말을 하고 싶어하는지 파악하는 능력은 값을 매길 수 없을 정도로 소중하다. 그런 직감을 가진 사람이라면 상황에 맞는 해결책도 빨리 찾아낼 수 있다. 정해진 계획에만 집착하지 말고 직감을 사용해 새로운 가능성을 포착하라. 여러분이 이미 알고 있는 사실이 최고의 정보가 아닐 수도 있다. 또한 여러분이 이미 정해놓은 방식이 최고의 방식이 아닐 수도 있다.

계획을 세우지 말라거나 지식을 습득하는 일을 멈추라는 말이 아니다. 다만 계획을 세우되 계획에 없거나 자신이 잘 모르는 사실의 가치를 깔보지 마라.

내 친구는 토니 로빈스의 강연이 행동심리학, 생리학, 사회학 등과 관련된 과학적 지식을 섭렵할 수 있어서 유익했다고 평했다. 그러나 역시 자신이 가장 크게 감명을 받은 것은 강연자가 정해진 대본을 벗어나는 순간이었다는 말을 덧붙였다. 토니 로빈스가 자신의 직감대로 행동한 바로 그 순간 말이다.

> 영감은 존재한다. 그러나 영감을 받을 수 있도록 준비하고 있어야 한다.
> ★파블로 피카소

솔직히 말하면 토니 로빈스가 단순히 직감대로 움직여서 그런 순간을 만들어낸 것은 아니다. 수년간 쌓인 경험과 지식이 직감과 섞이면서 글렌 로피스(Glenn Llopis)가 말한 '세렌디피티(serendipity, 뜻밖의 순간)'를 만났기에 가능한 일이었다.

쿠바 출신의 작가 글렌 요페즈는 자신의 책《뜻밖의 발견(Earning serendipity)》에서 우리가 '행운'이라고 부르는 순간은 경험이 직감과 만나는 순간이라고 설명했다. 뜻밖의 발견이 가능해지려면 잘 보이지 않는 먼 곳까지도 꿰뚫어볼 수 있는 '종합적인 시각'이 필요하다고도 했다.

'눈에 보이는 것이 전부가 아니다.'라는 말에 많은 사람이 동의한다. 항상 눈에 보이는 것보다 훨씬 더 많은 무언가가 존재한다. 모든 상황, 모든 대화, 모든 관계에는 보이는 것 이상의 가능성이 숨어 있다. 여러분이 발견해낸 숨겨진 기회가 여러분의 성공 여부를 결정짓는다.

보이는 사실 이상을 보는 능력을 가진 사람들만이 불운을 피하고 행운을 만날 수 있다.

## 직감을 활용하는 사람의 4가지 비밀

지식과 직감은 반대의 개념이 아니다. 창의적인 잠재력을 끌어내려면 반드시 직감과 지식이 함께 작용해야 한다. 베스트셀러 작가 존 네이스비트(John Naisbitt)는 자신의 책《메가트랜드(Megatrends)》에서 '정보 사회에서 직감은 점점 더 가치를 더해갈 것이다. 정보가 너무 많기 때문이다.'라고 설명했다. 그는 이미 30년 전부터 이 사실을 깨닫고 있었다.

오늘날 우리가 얼마나 방대한 지식을 습득하고 있는지 고려해본다면 존 네이스비트의 말이 맞다. 직감 없이 지식만 갖추면 영리한 사람이 되겠지만 누구에게도 영향력을 끼치지 못한다. 반면, 지식 없이 직감대로만 행동하면 즉흥적인 사람이 될 뿐 발전이 없다.

여러분은 이미 아주 오랫동안 학교와 직장에서 지식의 양을 늘리고 논리력을 강화하는 법에 대해 배웠다. 이제부터는 거기에 어떻게 직감을 더해 논리를 뛰어넘는 새로운 해결책을 찾아낼 것인지 알아보자.

**첫 번째 비밀** ▶ 먼저 경험을 쌓아라

직감은 길을 헤매지 않도록 방향을 알려주는 나침반과 같다. 누군

세 번째 강의_빨리 창조하고 빨리 실패하라

가의 이야기를 들으면서 그 사람이 무언가 숨기고 있다는 느낌을 받는 것도 직감 때문이다. 어떤 기회가 왔을 때 그 기회가 겉으로 보이는 것보다 더 큰 가능성을 지니고 있다고 느끼거나, 미심쩍은 상황에 대해서 좀 더 자세히 알아봐야겠다고 생각하게 하는 것도 직감이다. 하지만 직감은 그 일이 정확하게 왜 일어났고 앞으로 어떻게 해결해 나가야 할지까지 구체적으로 제시하지는 못한다. 하지만 그렇다고 해서 직감이 무조건 불안정한 것만도 아니다.

직감을 효과적으로 사용하기 위해서는 먼저 여러분이 상상하는 것보다 훨씬 더 많은 경험을 쌓아두어야 한다. 작가 말콤 글래드웰 (Malcolm Gladwell)은 "우리가 다양한 방면의 지식을 쌓아나갈 때 우리가 느끼지 못하는 '깊이 감추어진 지식'이 함께 쌓이게 되는데, 이것이 필요할 때 직감이라는 형태로 나타나게 된다."라고 말했다. 그리고 깊이 감추어진 지식이 있느냐 없느냐에 따라 전문가와 비전문가로 구분된다고 설명했다.

"수많은 변수를 일일이 파악할 수 없는 업무를 잘 해내려면 깊이 감추어진 지식에 의존해야 한다. 직감은 연구하고, 경험하고, 배우면서 정확해진다. 따라서 진짜 전문가가 되려면 꾸준히 쌓은 경험이 필수적이다."

깊이 감추어진 지식은 여러분에게도 있다. 다만 그 지식을 충분히 깊게 만들어서 직감이 쓸모없어지지 않도록 주의해야 한다.

만약 여러분이 지난 15년간 금융업에 종사했던 사람이라면 당장

농업에 대한 통찰력을 갖길 기대해서는 안 된다. 계절이 한두 번 바뀔 때까지는 업계 전반을 살펴보면서 다양한 지식을 쌓으며 시간을 보내라. 그러다보면 어느 순간 수면 아래에 있는 여러분의 직감도 자연스럽게 성장했다는 사실을 깨닫게 될 것이다.

이제껏 경험해보지 못한 새로운 분야의 일이라고 해서 직감을 무시하라는 말은 아니다. 우리는 살면서 처음 겪어보는 상황을 수도 없이 만나게 된다. 특히 인간관계가 그렇다. 지금까지 인간관계를 잘 관리해왔다면 여러분에게는 인간관계에 대해서 수면 위는 물론 아래까지 꿰뚫는 통찰력이 있는 것이다. 반면 여전히 인간관계에서 어려움을 겪고 있다면 내부 혹은 외부적 요인으로 인해 아직 통찰력이 비축되지 못한 상태일 것이다. 후자의 상태라면 자신의 직감을 믿기보다 대인관계 전문가의 도움을 받아서 기술을 개선하는 편이 낫다.

여러분에게도 깊이 감추어진 지식이 있는지 확신할 수 없는가? 그렇다면 시험해보라. 친구들을 통해 시험하는 것도 좋은 방법이다. 일주일 정도의 기간을 두고 여러분이 생각하는 그 친구가 앞으로 어떤 말과 행동을 하고, 또 그에게 무슨 일이 일어날지 예측하는 연습을 해보라. 오랫동안 사귀어온 친구가 많은 사람이라면 아마도 이런 예측에 능숙할 것이다.

회사에서도 손쉽게 자신의 직감을 시험해볼 수 있는 방법이 있다. 어떤 문제가 생길 때마다 이후의 결과가 어떻게 될지에 대해 직감적으로 예측하고, 그 생각을 날짜와 함께 메모해두어라. 그리고 시간이 지난 뒤 여러분의 예측과 실제 결과를 비교해 보라. 반 이상의 결과를 맞혔다면 변화에 대한 직감이 아주 뛰어난 사람이라고 할 수 있다. 여러분의 직감을 믿어라.

**두 번째 비밀** ▶ 해결 과정을 단순화하라

의학자 조너스 소크(Jonas Salk)는 이렇게 말했다.

"직감은 앞으로 우리가 눈여겨 볼 지점이 어디인지에 대해 생각하게 해준다."

소아마비 예방 백신을 발견해 수백만 명의 목숨을 구한 조너스 소크는 대부분의 시간을 연구실에서 보낸 전형적인 과학자였다. 그럼에도 불구하고 그는 자신의 연구에 직감이 큰 역할을 했다는 사실을 솔직하게 털어놓았다.

"아침에 일어날 때마다 어떤 생각이 직감적으로 떠오를까 궁금해져서 늘 기분이 좋았습니다. 마치 그 생각들이 바다 건너에서 보내온 선물 같았어요. 저는 제 직감을 믿고 직감적으로 연구했어요. 직감은 제 파트너였죠."

그는 역사적으로 위대한 과학자들이 그랬듯이 지식만으로는 획기적인 발전이 이루어지지 않는다는 사실을 잘 알고 있었다. 경력이 30년이 넘는 전문가라 해도 자신의 틀에서 나와 혁신을 꾀해야 하는 문제를 만나게 된다.

데이터 분석 자료가 문제 해결에 도움을 줄 때도 있지만 데이터를 바탕으로 도출한 결론을 덮어두어야만 해결되는 문제도 많다. 미국 프로미식축구 연맹에서 대학 졸업 예정자들을 대상으로 신입 선수를 선발하는 과정을 예로 살펴보자.

프로미식축구 연맹에 소속된 구단들은 매년 신입 선수들을 선발하기 위해 키가 얼마나 큰지, 달리기가 얼마나 빠른지, 힘이 얼마나 센지 등에 대한 각 선수의 정보를 수집한다. 그리고 이렇게 모인 자료는 초기 분석표로 만들어져서 같은 포지션의 여러 선수를 비교하는 데 도움을 준다. 하지만 사실 이 초기 분석표만으로 어떤 선수가 프로 구단에서 성공할 수 있는지를 정확하게 판단하기는 어렵다.

데이터만으로는 절대로 파악할 수 없는 다음과 같은 사항들이 있기 때문이다.

- 이 선수는 프로 수준의 속도와 힘을 지니고 있는 경쟁 선수에게 대응할 수 있을까?
- 이 선수는 프로 구단에 선발되어 평생 벌 돈보다 훨씬 더 많은 돈을 한꺼번에 받게 되면 어떻게 반응할까?
- 이 선수는 다른 선수들과 잘 소통할 수 있을까?
- 이 선수는 오프 시즌(off-season)일 때 경기장 밖에서 어떻게 행동할까?
- 이 선수는 경기 중에 부상을 당했을 때 어떻게 반응할까?

그래서 각 구단 경영진들은 후보 선수를 일대일로 만나 인터뷰를 진행하는 것은 물론 가족, 대학 시절 코치, 동료 선수, 친구들까지 직접 만나서 그가 게으르지는 않은지, 잘난 체하는 태도는 없었는지 등을 체크한다. 그럼에도 불구하고 역시 후보 선수가 프로 구단 생활을 얼마나 성공적으로 할지 정확히 예측하는 일은 불가능하다. 그러므로 이 경우 40야드의 필드에서 가장 빨리 달리는 선수가 아니라 성격이 좋고 의지가 강한 선수를 직감적으로 파악해 선발하는 것으로 과정을 단순화할 필요가 있다.

만약 여러분의 업무에서 이런 상황이 발생한다면 일단 모을 수 있는 데이터를 최대한 모아라. 그리고 예측할 수 있는 변수와 예측할 수 없는 변수를 구분해보아라. 예측할 수 있는 변수만 고려하여 결정해도 충분한 경우라고 판단된다면 직감을 믿고 밀고 나가라. 복잡한 데이터를 찾느라 시간과 에너지를 소비해서는 안 된다. 문제 해결 과정을 단순화하고 자신의 판단을 따르라. 이성적이 아니어도 좋다. 가끔은 지식에 대한 믿음을 털어버려라. 물론 여러분의 직감이 매번 들어맞지는 않을 것이다. 하지만 충분한 시간을 갖고 직감을 훈련시켜 나간다면 직감적으로 내린 판단이 놀라운 정확성을 자랑하게 되는 날이 올 것이다.

**세 번째 비밀** ▶ **끊임없이 새로운 것을 발견하라**

프랑스의 수학자인 앙리 푸앵카레(Henri Poincare)는 "증명은 과학이지만 발견은 직감이다."라고 말했다. 문제는 우리가 했던 것을 다시 증명하거나 이미 증명된 것에만 관심을 갖는다는 데 있다. 우리는 디지털 시대가 되면서 모든 문제에 대한 답을 신속하게 얻는 데 익숙해졌다. 그리고 그렇게 얻은 답이 아주 형편없지만 않다면 최선의 답인지 아닌지는 중요하게 여기지 않게 되었다.

이것이 우리가 일상적으로 일하는 태도다. 하지만 일하는 과정에 새로운 발견이 결여되어 있다면 완전히 소진되거나, 소모품 취급을 받게되는 문제가 발생할 것이다. 우리는 기계가 아니다. 따라서 각자의 특성과 강점에 맞게 숨을 쉴 여유가 필요하다.

새로운 발견은 여러분이 창의적으로 일할 수 있도록 하고, 없어서는 안될 인재가 되게 하고, 일터를 모험의 장이라고 느낄 수 있게 만들어준다. 새로운 발견을 기존의 정보만큼 중요하게 여길 때 여러분의 일이 재미있다는 느낌을 받을 것이다. 잘되는 일은 원래 재미있다. 또 재미있기 때문에 우리의 능력을 최대로 끌어올릴 수 있다. 직원들이 계속해서 성장한다면 회사에는 어떤 일이 일어날까? 그렇다. 회사 또한 여러분과 함께 성장할 것이다.

새로운 발견을 하는 연습은 창의력을 기르기 위한 첫 단계임을 기억해야 한다. 모든 발견이 혁신으로 이어지지는 않지만 새로운 발견을 해나감으로써 혁신을 위한 근육을 기르고 직감의 신뢰도를 높일 수 있다.

일상생활에서 새로운 발견을 해나갈 수 있는 방법은 무엇일까? 다음의 세 가지 방법을 살펴보도록 하자.

첫째, 자기 성찰을 멈추지 마라. 우리는 너무 쉽게 자신의 업무 능력에 안도감을 느끼고 맡은 일에 소홀해진다. 안도감에 빠지지 마라. 경력이 5년이든 40년이든 상관 말고 스스로의 생각을 끊임없이 평가하고 새로운 사실들을 기꺼이 실험해 보아야 발전할 수 있다.

둘째, 주기적으로 외부의 평가를 들어라. 상사로부터 정기적으로 받는 평가는 현재가 아닌 과거의 실적을 바탕으로 이루어지기 때문에 새로운 발견과는 거리가 멀다. 최근에 스스로에 대해 새롭게 발견한 점은 무엇인가? 새롭게 습득한 기술이 있는가? 회사에서 어떤 식으로 자신의 가치를 높이고 있는가? 이러한 질문에 대해 여러분의 발전 정도를 평가해줄 누군가가 필요하다.

셋째, 일하는 중에도 다른 사람들의 이야기에 귀를 기울여라. 업무에 집중하는 것도 좋지만 함께 일하는 동료 직원들의 이야기를 들을 정도의 여유는 반드시 가지고 있어야 한다. 업무에 대한 동료들의 불만 사항은 무엇인가? 개선되어야 한다고 생각하는 점은 무엇인가? 쓸데없이 자원과 인력만 낭비한다고 생각하는 일은 무엇인가? 또 동료들이 내놓은 좋은 아이디어에는 어떤 것들이 있는가? 여럿이 함께 힘을 합칠 때 가장 효과적으로 새로운 무언가를 발견해낼 수 있다는 점을 기억하라. 주기적으로 자신의 생각을 다른 사람들의 생각과 합쳐보는 습관을 들이라. 그러면 혼자서 애쓸 때보다 훨씬 더 빠르게 혁신을 향해 다가설 수 있을 것이다.

**네 번째 비밀** ▶ 다른 사람과 대화하라

누구나 자신만의 고정관념을 가지고 있다. 고정관념은 전적으로 자신의 경험을 바탕으로 생겨난 것이기 때문에 때때로 다른 사람들과의 관계에 문제를 일으키기도 한다. 혼자 나무 밑에 앉아 있다가 떨어지는 사과를 보고 세상을 뒤흔들 만한 발견을 해내기도 하지만 대부분의 창의적인 생각은 다른 사람들과 함께 있을 때 얻어진다.

매거진 〈머니(Money)〉가 '스티브 잡스(Steve Jobs)가 가장 많은 수익을 얻게 한 사건'이라고 묘사한 일에 대해 살펴보자. 스티브 잡스와 그의 동료 앨런 케이(Alan Kay)는 쿠퍼티노(Cupertino)에서 샌프란시스코(San Francisco)로 이동하던 중이었다. 앨런 케이는 어느 프로그래머 팀에 대한 이야기를 꺼냈다. 그들은 현재 루카스 필름(Lucasfilm)에서 의료 영상과 위성 사진에 쓰일 3D 그래픽을 연구하고 있는데, 그들의 진짜 꿈은 3D 그래픽으로 애니메이션을 만드는 것이라고 했다. 스티브 잡스는 앨런 케이의 이야기를 귀담아들은 뒤 곧 다른 이야기를 계속했다. (우리가 스티브 잡스처럼 바쁜 사람이었더라도 똑같이 행동했을 것이다.) 하지만 스티브 잡스는 곧 다시 그 팀을 만나보자고 제안했고, 머지않아 엘런 케이가 그들을 소개시켰다.

스티브 잡스는 그들이 직접 제작한 영상을 보고 깜짝 놀라고 말았다. 당시 할리우드의 어떤 영화사에서 제작한 영상보다 훨씬 더 뛰어났기 때문이다. 스티브 잡스는 컴퓨터만 할 줄 알았지 영화 산업에 대해서는 아는 바가 전혀 없었다. 하지만 직감적으로 놓치기에는 아까운 기회라는 것을 느꼈다. 그렇게 커다란 스크린으로 보면 사람들이 좋아할 영상 같다는 직감만으로, 스티브 잡스는 루카스 필름의 3D 그래픽 팀을 인수하고 프로그래머들의 꿈을 이루는 데 천만 달러를 투자했다. '픽사(Pixar)'라는 새로운 회사 이름도 붙였다.

프로그래머들의 꿈은 결국 〈토이 스토리(Toy Story)〉로 실현되었다. 거기에 그치지 않고 스티브 잡스는 성공에 성공을 거듭한 픽사를 디즈니(Disney)에 74억 달러를 받고 팔아 엄청난 수익을 남길 수 있었다.

이처럼 겉으로 보이는 정보 뒤에 숨어 있는 가능성까지 살피는 습관을 기른다면 생각지도 못했던 큰 기회를 얻을 수 있다. 그리고 이러한 경험이 쌓이고 쌓인다면 여러분의 직감은 기존의 지식과 함께 조화를 이뤄 마법처럼 큰 힘을 발휘할 것이다. 모든 대화 속에 성공으로 향하는 열쇠가 숨겨져 있지는 않다. 하지만 모든 대화에 여러분이 생각하는 것보다 훨씬 더 많은 기회가 숨겨져 있는 것은 사실이다.

## 최고의 결과를 내는 건 결국 직감이다

> 당신을
> 그대로
> 드러낸다면,
> 그것이
> 바로
> 독창성이다.
> ★마크 뉴슨

　20세기에 들어서면서 미국 내 도심 인구가 비도심 거주 인구를 앞지르면서 건축, 교육, 교통 등의 방면에서 도심 문제가 발생했다. 그 중에서도 가장 큰 문제는 계속해서 증가하는 이민자들의 도시 집중 현상이었다. 이민자 가정들은 미국에서도 자신들만의 고유한 문화와 생활 방식을 고수했기 때문에 어린 자녀들이 새로운 문화에 적응하지 못해 큰 어려움을 겪고 있었다.

　네바 보이드(Neva Boyd)는 미국 시카고(Chicago)의 헐 하우스(Hull House)라는 복지관에서 이민자 자녀들이 영어를 배우고 낯선 미국 문화에 적응할 수 있도록 돕는 일을 담당하고 있었다. 그녀는 영어 때문에 좌절하는 아이들을 위해 미국 사회의 분위기를 익히고 순발력까지 기를 수 있는 게임을 개발해냈다. 게임을 통해 아이들은 빠르게 성장했다. 그들은 얼마 지나지 않아 영어로 자유롭게 대화를 나누고, 농담을 던질 수 있게 되면서 자신을 감싸고 있던 껍질을 깨고 밖으로 나왔다.

　이 게임은 다른 사회복지관은 물론 군병원이나 요양원 등을 거쳐 전국으로 퍼져나갔다. 네바 보이드의 영향력은 여기에서 멈추지 않았다. 바이올라 스폴린(Viola Spolin)이라는 젊은 여성은 네바 보이드 밑에서 일했던 경험을 이후 어느 극단에서 연기 팀장으로 일할 때 활용했다. 그녀는 네바 보이드가 만든 게임에서 영감을 얻어서 연기자들이 즉흥적인 대처 능력을 키울 수 있는 '연극 게임'을 만들었다.

몇 년 후 바이올라 스폴린의 아들인 폴 실스(Paul Sills)는 즉흥극 전문 극단 세컨드 시티(Second City)를 설립했다. 그리고 세컨드 시티는 전설적인 TV 쇼 〈새터데이 나이트 라이브(Saturday Night Live)〉, 〈치어스(Cheers)〉, 〈오피스(The Office)〉를 비롯하여 영화 〈조찬 클럽(The breakfast club)〉, 〈나의 그리스식 웨딩(My Big Fat Greek Wedding)〉 등을 제작하면서 영향력이 가장 큰 극단 중 하나로 급성장했다. 이민자 자녀와 즉흥극 연기자 모두 직감을 효과적으로 사용하는 법을 알게 되면서 자신의 능력을 마음껏 발휘할 수 있게 되었다.

외부인이라고 할 수 있는 이민자들은 미국 사회의 어떤 문제를 바라볼 때 공유된 상식이 아니라 아주 객관적인 관점을 사용한다. 우리는 앞에서 제3자의 시각이 우리의 대화와 회의에 가져다줄 수 있는 효과에 대해 이야기했다. 제3자는 상황에 푹 빠져들어 있는 사람은 절대로 가질 수 없는 신선한 관점으로 정확한 해결책과 창의적인 방안을 포착해낸다. 지난 10년 간 미국 내의 첨단기술 관련 회사의 절반 이상이 이민자들에 의해 공동 설립되었다는 사실이 결코 우연은 아니다.

또한 즉흥극 연기자들은 상황에 따라 새롭게 적응해야 하는 시나리오 속으로 기꺼이 몸을 던진다. 그들의 천재적인 창의력은 끊임없는 직관 훈련으로부터 나온다. 즉흥극으로 단련된 연기자들이 대중들에게 열렬한 사랑을 받은 〈매쉬(M*A*S*H)〉, 〈심슨 가족(the

Simpsons)〉, 〈매드 맨(Mad Men)〉, 〈커브 유어 엔수지애즘(Curb Your Enthusiasm)〉, 〈더 투나잇 쇼(The Tonight Show)〉 등을 제작했다는 사실은 놀라울 것도 없다.

그렇다면 우리가 이민자들과 즉흥극 연기자들로부터 배울 점은 무엇일까? 우리는 그들처럼 객관적으로 상황을 판단해야 하고, 우리의 직감을 신뢰할 수 있어야 한다. 올바른 해결책을 찾아낼 때까지 정보와 직감을 조화시켜야 천재적인 창의력이 발현될 수 있다.

결국 정보, 경험, 동기를 한데 모아 최고의 결과를 낼 수 있게 하는 것은 바로 직감이다. 지금은 이상하게 들리겠지만 직감에 귀를 기울이면 더 많은 정보를 알게 된다. 일단 실천해보라. 저명한 물리학자 리처드 파인만(Richard Feynman)도 "증명된 정보는 일부에 불과하다."라고 말한 바 있다.

움직여라. 느껴라. 창조하라.

# 속도를 높여라

　　나는 작품 하나를 완성하는 데 몇 달씩 걸리는 대부분의 화가와 달리 3분 만에 완성할 수 있는 그림만 그린다. 그래서 사람들은 종종 내게 왜 기존 형태와 전혀 다른 그림을 그리는지에 대해 묻는다. 그 이유는 무엇일까?

　　간단하게 말하면 내가 인내심이 부족하기 때문이다. 머릿속에서 늘 새로운 그림에 대한 아이디어가 샘솟는 나는 똑같은 캔버스만 뚫어져라 들여다보고 있으면 스스로가 도태되는 느낌이 들어 괴롭다. 하지만 이것이 이유의 전부는 아니다.

　　일의 속도를 높일 때 발생하는 효과를 누리기 위함이기도 하다. 나는 순식간에 그림을 완성해낼 때 관객들이 내 그림을 훨씬 더 잘 보고 느낄 수 있다고 믿는다. 또 미술관에 가서 내 작품을 보라고 하는 것보다 공연 중에 실시간으로 그림을 그림으로써 관객과 더 많은 영감을 주고받을 수 있다고 생각한다. 적어도 나에게 전시라는 방식은 내가 여러분에게 아무런 영향도 미칠 수 없기 때문에 무의미하다. 나의 목표는 그림을 빠르게 그려서 사람들에게 신선한 충격을 주고, 그들과 영감을 주고받으면서 감정적으로 친밀해지는 것이다.

나는 사진처럼 사물을 자세히 묘사하는 것보다 사물의 형태를 최대한 단순화시킨 그림을 '공연하는' 방법에 더 관심이 많다. 레오나르도 다빈치(Leonardo Da Vinci)가 "단순함이야말로 궁극의 정교함이다."라고 말한 것처럼 큰 영향력을 발휘하는 생각은 언제나 단순하다. 나는 우리의 행동을 지배해온 기존 체계와 대본에서 벗어나기만 해도 생각보다 훨씬 더 쉽게 창의력이 발현된다는 사실을 여러분에게 말해주고 싶다. 일의 속도를 높이면 창의력이 발현되는 속도도 더 빨라진다.

나는 빠른 속도, 단순한 메시지, 즉각적인 영향력을 선택했다. 이것은 여러분이 일과 삶에서 꼭 적용해야 할 방식이기도 하다. 이 같은 방식을 따르는 것이 쉬운 일은 아니다. 여러분의 좌뇌는 어떤 일이든 늘 조심스럽게 하고 안전 속도를 준수하길 원한다. 중요한 업무를 할수록 이런 성향이 더 강하게 나타난다. 좌뇌는 여러분이 운전대를 두 손으로 꽉 잡고 급격하게 길을 꺾지 못하도록 한다. 또 정확한 방향으로 진행 중인지를 끊임없이 확인하게 하고 출발하기 전에는 화장실부터 다녀와야 한다고 경고한다.

좌뇌와 함께 장기 여름휴가를 떠난다면 어떨까? 과연 멋진 시간을 보낼 수 있을까? 여러분의 나이가 여든다섯 살 정도라면 그럴 수도 있겠다. 하지만 그런 게 아니라면 깊이 생각해볼 것도 없이 좌뇌식의 여행은 무척 지루할 것이다. 그렇다면 우리는 여행 잡지에 실린 기사라도 읽으면서 좀 더 영감을 받아야 한다. 만약 여러분이 어떤 일을 시작하기 전에 속도부터 줄이는 사람이라면 불행하게도 여러분은 좌뇌식 여행을 하고 있는 것이다.

행동의 속도를 높이는 모험을 감행하지 않는다면 아무런 발전도 이뤄낼 수 없다. 현재 여러분이 무기력한 상태라면 그것이 바로 지나치게 안전함만 따르고 있다는 증거다. 지금이 바로 가속 페달을 밟아야 할 순간이다.

속도를 높이게 되면 많은 것이 바뀐다. 또 여러분이 완벽하게 모든 상황을 제어할 때보다 훨씬 더 큰 안정감과 만족감을 느낄 수 있을 것이다.

### 왜 안전한 속도로 일하는가

행동의 속도를 높이면 더 이상 완벽하지 않아도 되어서 좋다. 완벽함이 아니라 발전 자체가 목표가 된다. 더 이상 주변에서 맞다고 하는 방향으로만 가지 않아도 된다. 과거의 경험에 갇히지 않아도 된다. 자료를 지나치게 분석하느라 속도를 줄이지 않아도 된다. 대신 여러분의 생각에 날개를 달아줄 새로운 시도들을 마음껏 할 수 있다. 시도의 횟수는 많을수록 좋다. 실패는 선택이 아니라 필수라는 것을 기억하라. 실패는 아무것도 하지 않은 상태보다 성공에 더 가깝다. 따라서 실패했다고 멈출 것이 아니라 더 나은 방법을 찾아 앞으로 나아가야 한다. 그렇다고 실패를 목표로 행동하라는 의미는 아니다. 어떤 일을 시작하기도 전부터 실패하지 않으려고 애쓰지 않아도 된다는 의미다.

어린 시절 우리가 무언가를 할 때 속도를 높일 수 있었던 것은 언제든지 발휘할 수 있는 강한 모험심이 있었기 때문이다. 또 경험이 많지 않았기에 어떤 상황이 발생했을 때 지레 겁먹고 움츠러들지 않았다. 하지만 우리는 나이가 들면서 어떤 일을 시작하기 전부터 속도를 줄이고 조심하게 되었다.

사람들은 대부분 안전한 속도로 일을 해나간다. 하지만 그렇게 일하는 데 익숙해지면 빠르게 처리해야 하는 문제가 발생했을 때도 일의 속도를 높이기가 어렵다. 또 능력의 최대치를 확인할 기회가 없다.

대부분의 직장인은 어떠한가? 매일 출근하고, 헤어스타일이 무난하고, 복장이 단정하다. 친절하게 말하고 맡은 업무를 착실하게 수행한다. 사실 이런 직원들은 해고되지 않는다. 하지만 그들은 획기적인 아이디어를 내놓지도 못하기 때문에 회사에 위기가 닥쳤을 때 기댈 만한 인재가 될 수 없다. 오히려 그들은 속도를 높여야 할 때 사고를 치는 주범이다. 반면, 기업과 직원들이 빠르게 일하는 속도에 익숙해져 있다면 어떤 변화가 오더라도 쉽게 대응해낼 수 있다.

여러분의 업무에 숙달되지 않아도 된다거나 체계를 세우지 않아도 된다는 말이 아니다. 여전히 체계는 좌뇌가 가장 중요하게 여기는 요소이기 때문이다. 하지만 혁신적인 생각을 실현해내는 데 중요한 역할을 하는 것은 좌뇌지만 혁신적인 생각을 가장 먼저 꺼낸 당사자는 우뇌다. 창의적 사고를 하는 데 전략과 집중력이 중요하지만 통찰력이 있어야 혁신을 이룰 수 있다는 사실은 다양한 연구를 통해서도 증명되었다.

안정을 위한 기본 조건은 항상성이지만 더 높은 수준의 창의력을 발휘하려면 행동의 속도를 높여야 한다. 그리고 완벽함이 아닌 멈추지 않고 전진하는 데 목표를 두어야 한다.

나는 공연에서 선보일 그림을 하나하나 미리 그려보면서 연습하고 예술사와 회화 기법에 대해서도 끊임없이 공부한다. 하지만 학문으로 배운 예술성을 내 작품에 담으려고 하지는 않는다. 나는 박물관에 전시되어 수십 년 동안 큐레이터들이나 예술 비평가들에게 찬사를 받을 작품을 그리는 것이 아니라, 지금 당장 여러분이 혁신적인 행동을 할 계기가 되어줄 그림을 그린다. 단 3분이면 여러분에게 영감을 줄 수 있다.

### 창의적인 사람은 만들어내지 않고 촉발시킨다

기업에서 요구하는 창의력은 루브르(Louvre) 박물관이나 소더비

(Sotheby) 경매장 수준의 창의력이 아니다. 회사에서 후세의 경제학자들에게 극찬을 받을 만한 아이디어를 내놓으라는 것도 아니다. 그들이 원하는 것은 지금보다 좀 더 나은 결과물, 좀 더 질 좋은 제품, 좀 더 높은 소비자 만족도를 촉발시킬 정도의 아이디어다.

내가 '만들어낸다'고 하지 않고 '촉발시킨다'고 표현한 것에 주목하라. 많은 사람이 창의력에 관해 오해하는 지점이 바로 여기다. 사람들은 완성된 아이폰을 보고 이렇게 말했다.

"스티브 잡스가 만든 제품을 좀 봐! 그는 창의적인 천재야."

물론 스티브 잡스는 창의적인 인재다. 하지만 스티브 잡스라고 해서 어느 날 밤 갑자기 아이디어가 떠오른 것은 아니다. 그는 많은 사람의 도움을 받았다. 또한 아이폰은 애플(Apple)의 문제를 해결하다보니 자연스럽게 만들어진 결과물이었다. 스티브잡스는 창의적인 문제의 해결책을 '촉발시킨' 것뿐이다.

온라인 매거진 〈슬레이트(Slate)〉에 실린 한 기사에서 칼럼니스트 파라드 만주(Farhad Manjoo)는 이렇게 말했다.

2005년, 아이팟(iPod)으로 간신히 기사회생한 애플에 또 다른 위기가 닥쳤다. 바로 휴대전화의 위협이었다. 스티브 잡스는 애플의 이사회에서 대부분의 사람이 휴대전화를 사용하고 있기 때문에 제조업체에서 음악을 들을 수 있는 휴대전화를 개발해 낸다면 아이팟은 쓸모가 없게될 거라고 경고한 바 있다.

당시의 휴대전화는 전화를 걸거나 받는 용도로만 사용할 수 있을 정도로 성능이 아주 보잘것없었다. 대부분의 휴대전화가 블랙베리(Blackberry)처럼 자판으로 되어 있었고, 그나마 터치가 가능한 휴대전화는 화면이 손가락을 인식하지 못했기 때문에 반드시 전용 터치펜을 사용해야 했다.

하지만 스티브 잡스는 머지않아 터치 기능이 개선되고, 사람들이 쉽고 자유롭게 음악과 동영상을 즐기는 휴대전화가 개발될 거라는 사실을 감지했다. 그런 휴대전화를 먼저 개발해내야 애플이 살 수 있었다. 그렇게 2년 후, 스티브 잡스는 세상에 아이폰을 내놓았다.

스티브 잡스가 아이폰이라는 창의적인 아이디어를 갑자기 떠올린 것은 아니다. 그저 현재가 아니라 미래를 바라보고 기존 제품의 문제를 창의적으로 해결하다보니 자연스럽게 혁신적인 제품이 생겨난 것이다. 그러므로 여러분은 다짜고짜 혁신적인 아이디어를 내겠다고 부담을 갖지 않아도 된다. 기업에서 필요로 하는 것은 혼자서 아이폰 같은 혁신적인 제품을 만들어내는 사람이 아니다. 종합 서비스 센터의 직원처럼 모든 일을 척척 해내기를 바라는 것도 아니다. 여러분의 회사는 그저 여러분이 머뭇거리지 않고 제품의 기능을 개선시키고, 끊임없이 새로운 속도로 새로운 것을 시도하고, 과거에 연연하지 않고 앞으로 나아가길 바란다.

## 걸작에 관한 오해

걸작이란 사람의 마음을 끌어당기고 영감을 주는 작품을 말한다. 여러분 또한 업무 태도만 바꾼다면 지금이라도 사람의 마음을 움직이고 동료들에게 영감을 주는 인재가 될 수 있다. 그러기 위해서는 걸작이 완벽해야 한다는 오해부터 바로잡아야 한다.

'완벽하지 않은 제안을 해서 괜히 상사를 귀찮게 해서는 안돼.'

'괜히 문제를 만들지 말고 조용히 있자.'

'위험한 건 다른 사람이 하도록 내버려두고 나는 월급 받는 것에 만족하자.'

'대단한 일을 해내려고 하지 말고 맡은 일만 열심히 하자.'

혹시 여러분은 이런 마음으로 일하고 있지는 않은가? 이 모든 생각은 좌뇌의 유혹이다.

완벽함은 실패에 대한 두려움을 정당화하기 위한 핑계에 불과하다. 그러므로 여러분은 두려움에 쉽게 굴복하지 않아야 한다. 여러분은 중요한 회의에서 "당신 생각은 어떻습니까?"라는 질문을 받았을 때 어떻게 대응하는가? 아마도 자신도 모르게 '괜히 어리석은 말은 하지 말자.'라고 생각하면서 형식적인 대답만 할 것이다.

이러한 우리의 태도 때문에 기업에서는 창의력이라는 문제로 그렇게 고심을 하게 되는 것이다. 완벽함을 추구하는 사람이 너무 많다. 완벽한 해결책을 내놓으려고 하다 보니 자꾸 입을 닫는다. 실패를 피하고 싶은 좌뇌는 우리에게 말은 적게 할수록 좋다고 속삭인다. 사실 나도 매번 무대에 오를 때마다 완벽함이라는 유혹과 싸운다.

나는 공연 때마다 다른 그림을 그리고 다른 이야기를 한다. 하지만 내 공연을 한 번 이상 관람한 사람이라면 내용은 달라도 메시지를 전달하는 방식에는 일관성이 있음을 깨달았을 것이다. 나는 어떻게 해야 안전하게 공연을 진행할 수 있는지 잘 알고 있다. 그래서 자꾸 예전에 했던 대로 하고 싶은 마음이 든다. 그렇게 하면 돌발 상황이 발생할 것에 대한 불안감을 갖지 않아도 되기 때문이다. 그런데도 왜 나는 자꾸 공연에 새로운 상황을 만들어서 스스로 위기를 자처하는 것일까? 그 이유는 발전하고 싶기 때문이다.

나는 5년 전의 내 모습으로 돌아가고 싶은 생각이 없다. 또 5주 전의 시간에 머무르고 싶지도 않다. 나는 한 인간으로서도 끊임없이 나아지고 싶고 예술가로서도 계속해서 발전하고 싶다. 그래서 나는 스스로를 계속해서 앞으로 밀어붙인다. 그리고 속도를 높여 그림을 그린다. 내가 발휘할 수 있는 더 큰 가능성이 있음을 믿기 때문이다.

나도 불안감 때문에 안전한 곳으로 되돌아갈 때가 있을까? 당연히 있다. 그럴 때면 나는 한 번도 그려본 적 없는 낯선 그림 대신 쉽고 익숙한 그림을 그린다. 아니면 갑자기 떠오른 새로운 이야기는 덮어두고 예전에 이미 했던 이야기를 한다. 처음 해보는 이야기를 하느라 말을 더듬거리고 싶지 않아서다. 사실 가끔이 아니라 무척 자주 일어나는 일이다. 나는 무대에 오르는 매 순간 평범함이라는 중력과 싸운다. 날마다 적당히 하면 된다는 유혹에서 벗어나려고 애를 쓴다. 그런 노력이 늘 빛을 발하진 않았지만 시간이 흐르면서 분명 어느 정도는 효과가 있었다.

한 번은 공연 중에 연습해본 적도 없는 스티브 잡스의 초상화를 그리고 싶다는 생각이 들었다. 계획했던 그림만 그려도 관객들은 훌륭한 강연이었다는 평가를 했을 것이다. 하지만 스티브 잡스가 사망한 지 일주일이 채 지나지 않아서 관객 모두의 마음에 어떤 식으로든 그가 자리 잡고 있을 것 같았다. 스티브 잡스를 그리기에 적당한 시기였다. 나는 이렇게 결심했다.

'새로운 기회를 얻고 싶으면 위험도 감수해야지. 그래, 하자. 만약 실패하더라도 어쩔 수 없지.'

다행히 그날의 모험은 엄청난 성공을 거두면서 끝을 맺었다. 나는 항상 위험을 선택하고 속을 태우곤 한다. 그래도 위험과 실패를 택하는 일을 멈추지 않는다. 나는 머뭇거리지 않고 속도를 높여 시도한다. 그리고 속도를 높임으로써 끊임없이 모험을 할 수 있게 되었다.

걸작에 관해 오해하지 마라. 반드시 완벽해야만 발전하는 것은 아니다. 여러분에게 필요한 것은 발전이라는 불길을 타오르게 해줄 불씨뿐이다. 개인의 발전은 물론 기업의 발전도 그렇다. 설령 실패 확률이 더 높은 불씨라 해도 스스로 발전의 불씨를 자주 지필 때 좀 더 빨리 그리고 꾸준하게 발전할 수 있다.

> **creative note**
> '말은 적게 할수록 좋아.', '훌륭한 제안을 못할 바에는 아예 말을 하지 마.' 이 같은 생각 때문에 회의 시간에 입을 다물고 있지는 않은가? 항상 완벽한 해결책을 내놓으려고 할 필요는 없다. 완벽해야만 발전이 있는 것은 아니다. 속도를 높이고 끊임없이 무언가를 시도함으로써 발전의 불씨를 자주 지필 수 있다.

### 쓰레기통에 넣겠다고 생각하고 그려보라

평생 하나의 걸작을 완성시킨 몇몇 작가나 화가들이 있다. 그들의 방식도 옳다. 최고의 기술과 정신을 고스란히 담아낸 작품을 만들려면 나 또한 모든 정성을 쏟아야 한다. 어쩌면 수십 년이 걸릴지도 모른다.

하지만 나는 일생일대의 걸작 한 점을 그릴 생각이 없다. 나는 모든 사람이 걸작을 내놓아야 한다고 생각하지 않는다. 그 대신 나는 날마다 새로운 불씨를 만들어내기 위해 정신을 바짝 차린다. 걸작 한 점을 그릴 계획을 세우느라 모든 시간을 쏟아붓는 대신 쓰레기통으로 직행해도 무관한 그림을 쉬지 않고 그리는 것이다.

최선의 노력을 하나의 작품에 쏟아내는 것은 내 방식이 아니다. 미

> 너 자신을
> 최대로
> 활용하라.
> 그것이
> 당신이 가진
> 전부다.
> ★랄프 왈도 에머슨

술관의 기준에 맞추어 비평가들이 내 그림을 거절하지 못하도록 하는 것도 내 방식이 아니다. 완벽함이라는 기준이 나를 가로막지 못하는 실험을 하는 것이 내 방식이다. 내가 그리는 그림이 쓰레기통으로 직행해도 된다고 생각하는 순간 실패를 두려워하지 않고, 탐험하고, 새로운 것을 발견할 수 있다.

공연의 방식도 똑같다고 생각한다. 나는 훌륭한 연설가들의 화법을 연구하거나 화술을 배우는 수업을 듣는 데는 관심이 없다. 그런 수업은 하나 같이 주제를 제시한 뒤에 세 가지 핵심 내용을 소개하고 마무리로 전체 내용을 요약하라고 가르친다. 깔끔하고 효율적인 방법이긴 하지만 어쩐지 나에게는 식상하고 밋밋하다. 대신 나는 다른 예술가들이 관객을 집중시키는 방법에 관심이 많다. 보노(Bono), 브루스 스프링스틴(Bruce Springsteen), 밥 딜런(Bob Dylan)이 눈 깜짝할 새에 5천여 명의 팬을 감동시키는 노하우를 알고 싶다. 또 어떻게 하면 관객들이 노래 한 곡이 흘러나오는 짧은 시간에 수차례 감정을 느끼도록 할 수 있는지 이해하기 위해 티에스토(Tiësto)나 스크릴렉스(Skrillex) 같은 디제이들을 연구한다.

예술은 우리가 5년 후의 상황을 내다볼 수 있도록 하는 콘셉트카(concept car, 소비자의 반응을 살펴보기 위한 미래형 차-옮긴이)와 같다. 예술은 사업 전략을 세우는 데 가장 중요한 지표가 되어준다. 하지만 예술을 통해 삶의 변화를 경험하려면 천재적인 예술가들의 작업을 연구

202    세 번째 강의_빨리 창조하고 빨리 실패하라

하는 것은 물론 우리 스스로 예술가가 되어야만 한다.

예술은 우리에게 전략 회의를 반복하고 분기별로 단합대회를 한다고 해서 혁신이 이루어지는 것이 아니라는 사실을 가르쳐준다. 혁신을 위해 필요한 것은 속도를 높일 수 있는 환경과 실패하더라도 끝까지 견뎌낼 수 있는 태도다. 물론 어느 정도의 위험성은 감수해야 한다. 하지만 위험을 감수하는 것이 침체되는 것보다는 훨씬 낫다.

### 빨리 창조하는 사람의 2가지 비밀

발전하기 위해서는 과감하게 앞으로 나아가야 한다. 거기에 빠른 속도가 더해진다면 훨씬 더 훌륭한 발전을 이룰 수 있다. 오랜 시간 공들여 준비했다고 해서 크게 도약할 거라는 생각을 버려라. 여러분이 겨우 계획을 완성했을 때 이미 다른 사람들은 여러분이 꿈꿔온 발전을 이루어냈을 수도 있다. 일단 불씨를 붙여라. 당연히 실수를 저지를 수도 있다고 생각하라. 빠르게 배우고 계속해서 움직여라. 그 과정에서 기술이 쌓이고 모험심이 되살아날 것이다. 그리고 미처 몰랐던 새로운 수준의 창의력에 불이 붙게 될 것이다.

### 첫 번째 비밀 ▶ 내 능력을 시험하고, 최대치를 확인하라

촉박한 마감 기한의 효과를 느껴본 적이 있는가? 그토록 기다리던 휴가가 가까워오는데 리조트에까지 일거리를 싸들고 가야할 것 같은 상황이라면 여러분은 어떻게 할 것인가? 여러분은 갑자기 세상에서 가장 효율적으로 일하는 직원으로 변할 것이다. 집중력이 레이저 광선처럼 쏟아져 나올 것이다. 빈틈없이 시간을 관리할 것이다. 이전보다 훨씬 쉽게 결정을 내릴 것이다. 거절도 잘 할 것이다. 직감을 자유롭게 활용할 것이다.

이것은 여러분에게 휴가가 그만큼 중요하다는 사실을 알려준다. 그리고 동시에 여러분이 평소보다 훨씬 더 효율적으로 일할 수 있는 사람이라는 것도 증명해준다. 만약 평상시에도 이 정도로 효율적으로 일할 수 있다면 어떨까? 여러분의 성과에는 어떤 변화가 있을까?

1990년 중반에 스티브 잡스가 애플의 경영권을 다시 손에 쥐었을 때 가장 먼저 한 일은 변색된 애플의 이미지를 바로잡는 것이었다. 그는 다시 애플의 운전대를 잡고 가속 페달을 힘껏 밟기 시작했다. 그는 애플의 브랜드를 살리기 위해 특별한 광고 캠페인이 필요하다고 생각했다. 그래서 리 클로(Lee Clow)에게 광고를 제작해달라고 의뢰했고, 리 클로가 스티브 잡스 앞에 내놓은 슬로건이 바로 'Think different.'였다.

새로운 슬로건이 최종적으로 승인되자 스티브 잡스는 광고팀에게 광고 제작 기간으로 17일을 주었다. TV 광고와 옥외 광고판을 포함한 전체 광고를 완성하기에는 턱없이 부족한 시간이었다. 하지만 그들은 전력을 다했다. 스티브 잡스는 지인들을 동원해 유명 인사들의 광고 이미지 사용권을 따냈고, 리 클로를 비롯한 회사도 온 힘을 쏟아 새로운 광고를 준비해나갔다.

지금까지도 가장 뛰어난 광고였다고 평가받는 이 광고는 알베르트 아인슈타인, 밥 딜런, 리처드 브랜슨, 에디슨(Edison), 무하마드 알리(Muhammad Ali), 마리아 칼라스(Maria Callas), 아멜리아 이어하(Amelia Earhart), 알프레드 히치콕(Alfred Hitchcoc,k), 파블로 피카소 등의 수많은 게임 체인저가 등장하는 TV 흑백 광고로, 1997년 9월 28일 최초로 방송되었다. 여러분도 한 번쯤은 본 적이 있을 것이다.

　　여기 미치광이들이 있습니다. 사회 부적응자. 반항아. 말썽쟁이. 혁명가. 그들은 세상을 다른 관점으로 봅니다. 그들은 규칙을 좋아하지 않고, 현재를 유지하고 싶어하지 않습니다. 당신은 그들을 좋아하지 않을 수도 있고, 그들의 말에 동의하지 않을 수도 있습니다. 또는 비난할 수 있습니다. 무엇을 하든 당신의 자유이지만 단 한 가지, 당신은 그들을 무시할 수 없습니다. 왜냐하면 그들은 세상을 변화시켰기 때문입니다. 그들은 인류를 진보시켰습니다. 어떤 사람들은 그들을 미치광이라고 하겠지만, 우리는 그들이 천재라고 생각합니다. 미친 사람들이야말로 세상을 바꿀 수 있기 때문입니다.
　　다르게 생각하세요.

　　손에 익은 일만 느긋하게 할 때는 창의력이 필요하지 않다. 그런데 마감 날짜가 다가오고 일이 몰리게 되면 사고방식을 억지로 바꾸지 않더라도 저절로 창의력에 불이 붙는 경우가 있다. 생존하기 위해 새로운 방식을 꺼내는 것이다.

그렇다면 시간이 충분할 때도 마감 기한이 촉박할 때처럼 효율적으로 일하려면 어떻게 해야 할까? 우리는 스스로 자신의 능력을 시험해야 한다. 그날의 목표를 다소 버거울 정도로 정하고, 실패하면 해고된다는 생각으로 무조건 해내보라. 시간을 빼앗기거나 집중력을 방해하는 요소는 모조리 없애야 한다. 가능한 모든 수완을 끌어 모아 집중하라. 목표를 달성할 경우에 받을 스스로를 위한 보상을 정해두라. 최선을 다할 만한 충분한 보상이어야 한다. 자신이 좋아하는 근사한 식당에서 저녁 식사를 한다거나 간단한 쇼핑을 하는 것도 좋겠다.

무엇이 스스로도 놀랄 만한 성과를 내게 했는가? 이러한 도전은 스스로와 경기를 벌이는 차원을 넘어 창의력 창고에 쌓여 있는 재고를 정리할 수 있게 도와준다. 그래서 창의력이 필요할 때마다 더 빠르게 창의력에 불이 붙을 수 있도록 해줄 것이다.

**두 번째 비밀 ▶ 급박할수록 할 수 있는 것에 집중하라**

어떤 중요한 일을 시작할 때는 부정적인 결과에 대해서 신경을 쓰지 마라. 부정적인 예측은 창의력을 억눌러 구태의연한 해결책을 선택하는 결과를 낳는다. 낙관적인 태도를 유지하라. 그리고 긴장을 풀어라.

작가 마이클 겔브(Michael Gelb)는 다음과 같은 글을 쓴 바 있다.

수십 년에 걸친 여러 연구 결과를 보면 낙관론자들이 인생 전반에 걸쳐 좀 더 나은 성과를 거두었다는 사실을 알 수 있다. 이 세상에서 가장 훌륭한 해결책을 발견할 수 있는 곳은 바로 인간의 두뇌다. 그렇기 때문에 우리 앞에 놓인 문제를 창의력을 발휘할 기회라고 긍정적으로 생각한다면 성공 가능성이 훨씬 더 높아진다.

신경과학 전문 블로그인 〈뉴럴 센스(Neural Sense)〉에는 다음과 같은 글이 소개된 적 있다.

휴식을 취하는 동안 뇌에서 활발하게 발생되는 알파파(alpha waves)가 새로운 생각을 하는 데 중요한 역할을 한다는 사실을 알 수 있다. 알파파는 흥분할 때 발생되는 감마파(gamma waves)가 최고치에 이른 뒤에 발생하는 경우가 많다.

긴장을 푸는 이완 능력은 신속하게 최선의 결정을 내려야 할 때 반드시 필요하다.

작가 데이비드 셰너(David Shaner)는 자신의 책 《변화를 위한 일곱 가지 기술(The seven arts of change)》에서 자신이 세계 최고의 스키 선수로 활약하던 때의 경험을 예로 들면서 이완 능력의 중요성에 대해 설명한다. 그는 세계 선수권 대회에서는 활강 평균 속도가 시속 60마일이 훌쩍 넘는다고 설명했다.

시속 45마일 정도까지는 스스로를 제어할 수 있을 같은 느낌이다. 그런데 그 이상으로 빨라지면 완전히 느낌이 달라진다. 스키 선수들은 가속도와 중력의 힘을 이기기 어렵다. 그래서 흥분하지 않고 집중할 수 있는 정신력을 기르는 것만이 부상 없이 경기를 마무리할 수 있는 비결이다.

그는 1970년대 아르헨티나에서 열렸던 세계 스키 선수권 대회 당시 경기 중에 죽을 고비를 넘겼던 일화도 덧붙였다. 그의 차례에 앞서 달리던 선수 두 명이 결승선을 앞둔 마지막 코스에서 서로 부딪쳐 심각한 부상을 입는 일이 발생했다. 두 선수는 의식을 잃고 피범벅이 된 채 바닥에 쓰러져 있었다. 상황을 전혀 모르고 질주하던 데이비드 셰너는 코앞에서 두 선수를 발견하게 되었다. 경기 출전자들은 1분에 한 명씩 출발하게 되어 있었는데 경기 진행자들이 출발선에 있는 선수가 출발하지 못하도록 연락하기 취하기 전에 데이비드 셰너가 이미 출발해버린 상황이었다. 사고 지점에 이를 즈음 데이비드 셰너의 속도는 시속 90마일에 달하고 있었다.

만약 쓰러져 있는 선수들을 피하지 못한다면 뾰족한 스키 플레이트나 날카로운 플레이트 에지로 그들을 찌를 수밖에 없었다. 그리고 충돌에 대한 반작용으로 본인도 멀리 튕겨나가 치명상을 입을 위험이 있었다. 다행히도 데이비드 셰너는 이완의 기술을 충분히 익힌 사람이었다.

데이비드 셰너는 쓰러진 선수가 눈에 들어오자 순식간에 몸을 쭉 폈다. 바람의 저항력을 크게 하여 속도를 줄이기 위해서였다. 그런 다음 긴장 때문에 바짝 굳어버린 하체에서 힘을 쭉 뺐다. 다행히 그는 양쪽 스키 플레이트로 쓰러진 두 명의 선수를 아슬아슬하게 스치며 그곳을 빠져나올 수 있었다.

당신이
남들보다
앞서갈 수 있는
비결은
일단
시작하는
것이다.
★마크 트웨인

> 나는 목숨을 건졌다. 정말 가까스로 살아남았다. 다른 선수들과 내가 다른 점이라면 빠르게 상황을 파악하고 아무리 힘겨운 상황에서도 안정을 찾을 수 있는 능력이 있었다는 것이다.

그의 이야기는 경기 침체 속에서 살아남고 싶은 기업이나 과중한 업무의 중압감을 극복하고 싶은 사람에게 어떤 생존 전략을 쓸 수 있을지 잘 알려준다. 이완 능력은 자신만의 능력을 최대한 비축할 수 있게 해주고, 급하게 능력을 발휘해야 할 때 민첩하게 대응할 수 있게 한다. 만약 여러분이 빠른 속도로 일하는 상황에서도 마음의 긴장을 풀 수 있다면 어떤 위기 상황에서도 살아남을 수 있으며 모두가 지쳐 있을 때도 혁신적인 아이디어를 내놓을 수 있을 것이다.

그렇다면 긴박하고 위태로운 상황에서 긴장을 풀기 위해서는 어떻게 해야 할까?

먼저 자신이 제어할 수 있는 요소에 집중해야 한다. 일의 속도를 높이면 자연스럽게 제어할 수 없는 요소가 많아지게 된다. 하지만 제어할 수 없는 요소들 때문에 불안해하지 마라. 불안 요소를 모두 없애거나 모두를 만족시키려고 괜히 힘을 쏟지 마라. 그것은 속도를 내지 않은 상황에서도 이룰 수 없는 목표임을 기억하라.

그리고 실패를 담담하게 받아들여라. 창의력은 무에서 유를 창조하는 것이라는 사실을 꼭 기억하라. 어쩌면 시간과 돈을 낭비하거나 회사의 평판까지 해치는 결과를 낳을 수도 있다. 하지만 위험을 감수하지 않고는 창의력을 발휘할 수 없다. 행동의 속도를 높일수록 위험 또한 함께 증가한다. 실패에 대한 상상을 하는 것만으로도 두려움을 느낄 수 있다. 실패할 수도 있다는 것 때문에 두려워하지 마라. 두려움 때문에 속도를 늦추지 마라. 멈추지 말고 앞으로 나아가라.

애플 광고에서 말한 대로 역사상 가장 혁신적인 행동을 한 사람들은 가장 많은 실패를 경험한 미치광이들이었다. 그들이 준비가 덜 되었다거나 지식이 모자라서 실패한 것은 아니다.

창의적인 사람들일수록 보통 사람들보다 새로운 것을 더 많이 시도하기 때문에 실패의 경험도 많다. 그들은 일의 속도가 빠르기 때문에 남들보다 더 나은 아이디어는 아니더라도 남들보다 더 많은 아이디어를 내놓는다.

여러분 스스로가 예술가가 되려면 행동의 속도를 높임으로써 자신의 능력을 갈고닦아야 한다. 또 이완 능력을 갖춰야 한다. 늘 완벽하지 않아도 된다. 꼭 모든 사람을 미소 짓게 할 필요는 없다. 완벽하지 않거나 모든 사람이 웃지 않아도 계속해서 시도하면 획기적인 발전을 이룰 가능성이 높아진다.

**creative note**

오랜 시간 공들여 준비했다고 해서 크게 도약할 거라는 생각을 버려라. 일단 불씨를 붙여라. 당연히 실수를 저지를 수도 있다고 생각하라. 빠르게 배우고, 계속해서 움직여라. 그 과정에서 기술이 쌓이고 모험심은 되살아날 것이다. 그리고 미처 몰랐던 새로운 수준의 창의력에 불이 붙게 될 것이다.

# 즉흥적으로 행동하라

나는 종종 오늘날 그래피티를 공공시설 파괴 행위로 보는 것에 대해 어떻게 생각하느냐는 질문을 받는다. 그때마다 나는 그래피티가 항상 그런 평가를 받아온 것은 아니라고 대답한다. 새로운 발견의 내용 또는 꿈의 내용을 동굴 벽에 새기고 채색했던 고대 동굴 벽화가 그래피티의 순수했던 시작이라고 할 수 있다. 그래피티가 공공시설 파괴 행위라는 꼬리표를 달게된 것은 20세기에 들어와서의 일이다.

나는 오히려 그래피티가 공공시설 파괴 행위가 아니라 낡은 패러다임을 깨부술 수 있는 혁신적인 행위라고 생각한다. 그리고 그래피티의 그런 파괴적 특성이 내 그림에서도 나타나길 바란다. 더불어 그래피티를 통해 여러분이 회사라는 캔버스에 여러분만의 특별한 그림을 그릴 수 있도록 영감을 주고 싶다.

다른 평범한 강연자들처럼 나도 천재적인 창의력을 되찾으라는 말을 그럴 듯하게 하고, 썩 괜찮은 그림을 몇 점 그리고, 그림에 어울리는 명언들을 늘어놓을 수 있다. 하지만 웅장한 음악과 함께 말없이 무대에 오른 뒤 진지한 얼굴로 3분 만에 1미터가 넘는 캔버스 가득 그림을 그린다면 관객들에게 훨씬 더 강한 영감을 주지 않을까 생각했다. 전통적인 그림과 달리 그래피티는 늘 즉흥적이다. 그리고 사람들은 그러한 즉흥성을 통해 영감을 받을 수 있다.

나는 사람들이 공연에서 영감을 받고 끝나는 것이 아니라 실제로 삶에서 즉흥적인 행동을 실천하길 바란다. 자신만의 그래피티를 그려라. 즉흥성을 발휘하면 또 다른 차원의 창의력이 발휘된다는 것을 나는 이미 경험을 통해 깨달았다.

### 미스터리는 창의력의 핵심이다

즉흥성은 이전에는 보지 못했던 가능성을 발견할 수 있도록 해준다. 여러분이 갑자기 어떻게 살아야할지 몰라서 막막한 상황에 빠졌다면 어떨까? 한동안은 미래를 알 수 없는 미스터리함에서 헤어나올 수 없을 것이다. 자신의 삶에 앞으로 무슨 일이 일어날지 도저히 예측할 수 없기 때문이다. 그런데 재능을 타고난 작가이자 예술가인 줄리아 캐머런은 "미스터리는 곧 창의력의 핵심이다."라고 말한다.

그 이유가 무엇인지 살펴보자.

미스터리한 감정은 호기심을 불러일으킨다. 그리고 그 호기심은 우리가 새로운 행동을 하고, 가보지 않은 길로 들어서게 하며, 전에는 몰랐던 커다란 가능성을 발견하도록 해준다. 그런데 미스터리를 따라가다 보면 새로운 가능성이 전혀 새롭지 않다는 아이러니한 사실을 깨닫게 될 것이다. 새로운 가능성은 우리가 틀에 박힌 예측을 할 때도 우리 곁에 있었기 때문이다. 단지 인생의 대본이 모두 사라지고 나서야 또 다른 가능성의 존재를 알아채고, 자신이 스스로 생각했던 것보다 더 특별한 사람이라는 사실도 깨닫게 되는 것이다.

리얼리티 TV 쇼가 넘쳐나기 시작하면서 여러 가지 폐해가 생겼다. 하지만 한 가지 좋았던 점을 꼽는다면 우리가 〈코리아 갓 탤런트(Korea's got talent)〉에서 청년 최성봉이 생애 첫 무대에 오른 순간의 목격자가 될 수 있었다는 것이다.

최성봉은 세 살 때 부모에게 버림을 받아 고아원에서 자랐고, 다섯 살 때 심각한 구타에서 벗어나기 위해 고아원에서 탈출했다. 그는 길거리에서 행인들에게 껌과 에너지 음료를 팔아 돈을 벌고 공중 화장실에서 잠을 자면서 지냈다. 여덟 살이 되었을 때, 날품팔이를 시작했지만 곧 어딘가로 팔려가 현대판 노예의 삶을 살기도 했다. 그 후 그는 10년 동안 노숙자로 살았는데, 다행히 두 명의 은인을 만나는 행운을 누릴 수 있었다. 세상에 닳고 닳은 어린 소년의 마음을 알아보고 위로해준 두 명의 은인은 최성봉에게 깊은 가르침을 주었다. 한 사람은 나이트 클럽 앞에서 포장마차를 하던 아주머니였다. 그녀는 공부를 계속해야 한다고 최성봉을 설득해 초등학교와 중학교 검정고시를 치를 수 있게 도와주었다. 또 한 사람은 음악 선생님이었다. 그는 최성봉에게 무료로 성악을 가르쳐주었다.

2011년 6월 6일, 수많은 관객 앞에 선 최성봉은 주눅이 들어서인지 목소리가 개미처럼 작았다. 그의 인생만 보아서는 대체 그가 무대에서 무엇을 할 수 있을지 예상이 되지 않았다. 바로 그때, 최성봉이 노래를 시작했고, 그를 둘러싸고 있던 미스터리의 베일이 벗겨졌다.

그가 부른 곡은 소프라노 사라 브라이트만(Sarah Brightman)이 불렀던 '넬라 판타지아(Nella Fantasia)'였다. '나의 환상 속으로'라는 뜻의 제목이 곧 그에게 일어날 일들에 대해 잘 말해주는 것 같았다.

최성봉이 입을 뗀 순간부터 심사위원과 관객들은 그의 노래에 사로잡혔다. 학대를 받으며 자란 노숙자 소년의 입에서 흘러나오는 믿을 수 없을 정도로 아름다운 노래……. 한 여성 심사위원은 몸을 앞으로 숙이더니 두 손으로 관자놀이를 꽉 움켜쥔 채 입을 다물지 못했다. 도저히 믿을 수 없다는 표정이었다. 노래가 끝나자 관중석은 물론 심사위원석에서도 우레와 같은 박수가 터져 나왔고 수줍어하던 최성봉은 살며시 고개를 끄덕였다. 그의 인생 대본이 다시 쓰인 것이다. 흑백 사진과도 같았던 그의 삶이 화려한 색채를 띠기 시작했다. 바뀔 것 같지 않던 한 젊은이의 인생에 세계적인 관심이 집중되었다.

## 전략의 숲을 보는가, 기회의 나무를 보는가

누구나 미스터리를 사랑한다고 말한다. 하지만 그게 자신의 일이 되면 태도가 변한다. 막상 우리의 삶에 미지의 존재가 등장하면 우리는 그것을 흥미로운 시선이 아니라 두려움이 가득한 시선으로 바라본다. 미지의 존재 뒤로 펼쳐져 있는 무한한 가능성에는 관심도 가지지 않고 위기 상황이 닥쳤으니 빨리 빠져나가야 한다고만 인식한다. 이것은 좌뇌가 우리에게 위험하다는 신호를 보내기 때문이다.

좌뇌는 여러분에게 이미 알려진 사실만 모아놓은 세상에 머무르는 편이 안전하다고 말한다. 알려진 사실만 모아놓은 세상이 곧 침체의 세상이라는 사실은 알려주지 않는다. 좌뇌의 명령만 따르다 보면 발전이 없을 것이다. 획기적인 생각도 없을 것이다. 새로운 것도 없을 것이다. 새로운 것은 낡아가고, 아름다움은 빛이 바래고, 생명은 죽음을 향해 다가갈 것이다. 그렇게 여러분은 살아 있지만 날마다 조금씩 생기를 잃어가고 말 것이다.

여러분은 우뇌가 이끄는 대로 즉흥적으로 행동해야 한다. 일정이 빡빡하더라도 해보겠다고 말하고, 바쁘지만 동료를 도와주고, 일이 거의 마무리되어 가는 상황에서 차마 말하지 못했던 문제점을 언급해보라.

전형적인 좌뇌적 사고라 할 수 있는 숲을 보는 사고는 20년 정도 대유행했다. 하지만 숲을 보는 사고에만 익숙해 질 경우, 전략만 충분하면 업무 진행 과정에서 발생하는 어떤 문제도 피할 수 있다고 확신하기가 쉽다. 또한 즉흥적인 행동을 통해 얻을 수 있는 사소한 가능성의 기회들을 모두 놓치게 되고 말 것이다.

자신이 가고자 하는 목적지가 어디인지 알기만 해서는 그곳에 닿을 수 없다. 목적지까지 가기 위해 세밀한 계획을 짜는 일과 그 길을 따라 실제로 걸음을 떼놓는 일은 전혀 별개다. 특히 업무를 수행하는 과정은 시원하게 뻗은 도시의 도로를 달리는 것보다는 거친 서부의 황야를 헤쳐 나가는 것에 훨씬 더 가깝다. 숲은 우리에게 웅장한 전망을 보여주지만 목적지로 향하는 과정이 단순할 거라고 우리를 속이기도 한다. 지도만 챙기는 것으로는 여행 준비가 다 되었다고 말할 수 없다.

스티브 스캔런(Steve Scanlon)은 미국에서 굉장히 인기 있는 커리어 코치 중 한 명이다. 그가 인기를 누리는 것은 고객들이 맨 바닥에서 단숨에 사다리 꼭대기까지 올라설 수 있는 전략을 완벽하게 설정해 주기 때문만이 아니다. 그는 오히려 고객들에게 나무를 보는 기술을 가르친다. 만약 여러분이 지금 스티브 스캔런과 마주 앉아 있다면 그는 분명 여러분에게 큰 그림은 중요하지 않으며, 매일 여러분 앞에 놓이게 되는 작은 기회들을 놓쳐서는 안 된다고 조언했을 것이다. 그는 "무의미한 상호작용은 하나도 없다."라는 말을 즐겨 했다. 여러분이 내뱉은 한마디 한마디, 무언의 몸짓들, 모든 행동은 언젠가 좀 더 나

하늘을 날고 싶다는 충동이 들 때, 결코 땅을 기라는 말에 동의할 수 없다.

★헬렌 켈러

아지거나 좀 더 나빠진 형태로 자신에게 어떤 결과가 되어 되돌아올 것이다.

## 잠재력을 터뜨리려면 즉흥 스위치를 켜라

최선을 다해 성공을 위한 탄탄한 계획을 세운다 해도 결코 전략만으로는 최고의 발전을 이룰 수 없다. 여러분의 잠재력을 최대한 발휘하려면 반드시 좌뇌의 전략에 우뇌의 즉흥성을 더해야 한다. 즉흥성은 단독으로 유지되거나 성공할 수 있는 전략이 아니다. 하지만 즉흥성이 결여된 전략은 침체로 이어지기 쉽다. 그리고 그것은 여러분이 기계로 전락하는 길이다. 안타깝게도 수많은 기업이 여러분의 잠재력을 강하게 억누르는 방법으로 여러분이 기계 부품에 지나지 않는 존재가 되도록 만들고 있다.

기계는 정해진 물건만 생산할 수 있다. 각각의 기계 부품도 정해진 기능만 해낸다. 부품 중에서도 좀 더 중요한 부품이 있긴 하다. 예를 들어 자동차 엔진에서 헤드 개스킷(head gasket, 피스톤과 실린더 사이를 밀봉해 윤활유 및 냉각수 통로로부터 누설을 방지하기 위해 사용되는 패킹-옮긴이)이 부서질 경우 라디에이터 팬(radiator fan, 라디에이터 안에 공기를 불어넣어 라디에이터 안에 든 액체를 식히는 장치-옮긴이)이 삐걱댈 때보다 훨씬 더 심각한 문제가 발생한다. 하지만 그래봐야 제자리에서 맡겨진 일만 수행하는 기계 부품에 불과하다. 기업의 경영진들은 우리에게 각자의 역할에 충실하라고 말한다. 하지만 그 역할이란 것이 우리의 잠재력을 가두는 것은 사실이다.

기계 부품에는 유연성이 전혀 없다. 기계 부품이 유일하게 조절할 수 있는 기능은 속도를 높이거나 낮추는 것뿐이다. 즉, 기계를 통해 혁신은 일어날 수 없다.

하지만 인체는 기계와 다르다. 인체 또한 어떤 동작을 하려면 여러 부위가 함께 작동해야 하는 구조이지만 기계와 달리 유연하고, 각 부위의 조합이 무한정하기 때문에 각기 다른 수많은 행동이 가능하다. 인간의 각 신체 부위는 서로 유기적으로 작용하여 백 미터를 10초 안에 돌파하거나, 에베레스트(Everest) 산 정상에 오르거나, 카리브(Caribbean) 해변의 야자수에 걸린 해먹에서 균형을 잡아 편안하게 쉬는 일이 가능하게 만든다.

기계 부품은 처음부터 끝까지 설계의 제한을 받는다. 반면 인체의 제한은 언제든지 극복이 가능하다. 여러분이 눈여겨봐야 할 점이 바로 이것이다. 인체의 개별적인 부위에 해당하는 개개인의 직원들은 언제든 인체의 한계를 벗어나 기능을 확장할 수 있다.

우리는 개인으로서든 회사의 직원으로서든 전략에 지나치게 의존하는 경향이 있다. 즉흥성이야말로 창의력을 발산하기 위한 훌륭한 자극이라는 것을 기억하라. 전략만으로는 잠재력을 발휘할 수 없다. 즉흥성의 스위치를 눌러야 한다. 즉흥성은 새로운 가능성으로 이어지는 길을 열어 여러분이 창의력에 한층 가까이 다가서도록 해줄 것이다.

> **creative note**
>
> 나는 기계 부품처럼 시키는 것만 하고 있지는 않은가? 기존 전략에 지나치게 의존하지 마라. 즉흥성이 결여된 전략은 침체로 이어지기 쉽다. 반면 즉흥성만으로도 최고의 발전을 이뤄낼 수 없다. 안정적인 전략에 새로운 가능성을 더해줄 수 있는 즉흥성을 더하라. 전략과 즉흥성이 조화를 이루면 혁신을 이룰 수 있는 가능성이 커진다.

### 생각의 시스템에도 반전이 필요하다

사실 기름을 잘 친 기계처럼 매끄럽게 돌아가는 상황에 반기를 들기란 매우 어렵다. 그럼에도 불구하고 우리가 아무런 저항을 하지 않으면 우리는 정말로 기계 부품 같은 직원이 되고 만다. 또 그러한 우리의 태도는 도미노 효과를 불러일으켜서 하나도 새로울 것 없는 제품과 아이디어를 대량으로 찍어내도록 할 것이다.

재미있는 이야기에는 항상 반전이 있다. 그것처럼 업무의 시스템에도 갑작스러운 반전을 줄 필요가 있다. 이때 타이밍이 중요하다. 모든 일에는 흐름이 있기 때문에 즉흥성을 발휘한 적당한 시기를 잘 선택해야 한다. 만약 여러분이 심장 수술을 받아야 하는 환자라면 담당

의사가 수술 중에 갑자기 즉흥성을 발휘해 새로운 절개술을 사용하는 것을 원치 않을 것이다. 수천 번 넘게 성공했던 수술법을 두고 검증되지 않은 수술법을 시도할 상황이 아니기 때문이다. 따라서 심장수술 같은 위중한 성격의 업무에서는 즉흥성을 함부로 발휘해서는 안된다.

하지만 모든 업무를 심장 수술처럼 심각하게 진행해야 한다고 오해하지는 말아라. 그렇지 않다. 여러분에게는 생각보다 자주 새로운 시도를 해볼 기회가 생긴다. 그때마다 새로운 가능성을 보지 못한 척한다면 언젠가 스스로도 자신의 결과물이 식상해지는 날이 오게될 것이다.

나는 아트 드롭 이벤트를 벌일 때 주인공이 그림을 찾아내기까지 어떤 일이 일어나는지 살펴보는 것을 좋아한다. 가끔은 유동인구가 아주 많은 곳에 그림을 놓아둔 뒤 지대가 높은 어딘가로 올라가 휴대전화 카메라로 그림을 놓아둔 곳을 촬영하곤 한다. 예상치 못한 일이 벌어졌을 때 각 사람이 어떻게 반응하는지 살펴보기 위해서다.

한 번은 에이브러햄 링컨(Abraham Lincoln)을 그린 큼지막한 그림을 워싱턴 링컨 기념관 앞 계단에 잘 보이게끔 놓아두었다. 그림 뒤쪽에는 그림을 찾아낸 사람이 가져도 좋다는 내용의 글을 남겼다. 그런 다음 나는 50미터 정도 떨어진 벤치에 앉았다. 수십 명의 여행객이 그림 곁을 지나가다가 왜 그림이 계단에 놓여 있냐는 내용의 대화를 나눴다. 하지만 누구도 그것이 자신의 집에 걸어도 되는 값비싼 그림이라는 생각은 하지 않는 것 같았다. 그림 옆에서 포즈를 취하고 사진을 찍는 사람들도 있었다. 그러나 누구도 그림 뒤쪽을 살펴보려는 시도는 하지 않았다.

트위터나 페이스북에 그림을 숨겨 놓은 비밀 장소에 관한 힌트를 올리고 그 글을 본 사람들이 그림을 찾으러 오기 전까지 이런 일이 자주 발생했다.

2011년, 나는 어느 대기업에서의 공연 때문에 애틀랜타(Atlanta)에 있었다. 공연 전날 밤, 나는 마틴 루터 킹 주니어의 모습이 담긴 그림을 그렸다. 그리고 다음 날 택시를 타고 마틴 루터 킹 기념 지구로 가서 올 페이스(All Faiths) 예배당 외벽에 그 그림을 기대어 놓았다. 유동인구가 많은 곳이었다. 그리고 근처에 앉아서 돌아가는 상황을 지켜보기로 했다.

늘 그렇듯이 몇몇의 여행객이 그림 옆에서 사진을 찍고 갔다. 사람들은 그림을 기념관 전시의 일부라고 여기는 듯했다. 바로 그때 한 여성이 자신의 아들, 딸과 함께 그림 가까이로 다가갔다. 두 아이가 돌아가며 그림 옆에 서서 사진을 찍었다. 그런데 아들 데마리우스 (Demarius)가 사진을 찍기 위해 그림 옆에 서자마자 거센 바람이 불었고, 그림이 뒷면을 보이며 엎어졌다. 아이는 그림을 내려다보더니 거기에 쓰인 글자들을 소리내 읽었다.

"축하합니다. 아트 드롭에서 승리하셨습니다. 그림을 찾아내셨군요. 이 그림은 당신의 것입니다."

엄마가 그림을 다시 세우려고 가까이 다가오자 아들은 엄마를 보며 환하게 웃었다. 그리고 엄마에게도 그림 뒤에 쓰인 글을 읽어보라고 재촉했다. 내용을 읽어본 엄마는 굉장히 놀란 것 같았다. 그리고 이 사실을 확인시켜줄 누군가를 찾기 위해 주위를 두리번거렸다. 원래 기념관에 전시되어 있던 그림처럼 보였기에 아닐 거라고 생각하는 것 같았다.

엄마와 아이들은 그림을 들고 가면서도 그들을 막아서며 사실이 아니라고 말해줄 누군가를 찾는 것처럼 계속해서 주위를 두리번거렸다. 그러다 나와 눈이 마주쳤다. 나는 그들에게 가까이 다가가 내가 그림을 그린 화가라고 소개한 다음, 그림을 가져가도 좋다고 말했다. 이제 그 그림은 데마리우스의 것이었다. 데마리우스가 찾았으니 그가 갖는 게 당연했다. 그들이 내 그림을 손에 넣을 수 있었던 것은 단순히 운이 좋아서가 아니라 단 한 번, 그림을 집어 드는 즉흥성을 발휘한 덕분이다.

### 즉흥성을 발휘하는 사람의 2가지 비밀

여러분은 즉흥성을 발휘할 때 앞으로 겪을 수도 있는 실망감이나 충격 때문에 두려움을 느끼게 된다. 하지만 두려움 때문에 행동을 멈출 것이 아니라 이제껏 느껴보지 못한 높은 성취감을 느낄 것을 기대하며 앞으로 나아가야 한다.

절벽에서 다이빙을 해본 적이 있는가? 수없이 다이빙을 해본 사람

> 창의성은
> 새로운
> 풍경이 아니라
> 새로운
> 시각을 찾는
> 여정이다.
> ★마르셀 프루스트

이라도 막상 절벽 위에 서면 약간의 두려움을 느낀다. 하지만 뛰어내린 후에 느끼는 쾌감이 뛰어내리기 전에 느끼는 두려움보다 훨씬 더 크다는 것을 알고 있기 때문에 용기 있게 뛰어내린다. '아드레날린 중독'이라는 말이 괜히 있는 게 아니다. 즉흥성에도 중독성이 있다. 매일 새로운 가능성을 좇아 즉흥성을 발휘한다면 어린 시절 이후로는 겪어보지 못했던 발견의 기쁨을 분명 다시 느낄 수 있을 것이다.

즉흥성은 우리에게 즐거움을 준다. 그럼에도 불구하고 우리는 우리의 일상을 확실성이라는 테두리 안에 가두고 있다. 미스터리는 영감을 준다. 그럼에도 불구하고 우리는 이미 알고 있는 길만 걸으려고 한다.

좌뇌는 우리에게 예측 가능한 행동을 해야만 일상이 쉬워진다고 말한다. 맞는 말이다. 하지만 우뇌는 미지의 세상 속으로 과감히 들어가야 우리 일상이 즐거워진다고 말한다.

자신의 잠재력을 마음껏 발휘하려면 반드시 예측을 뛰어넘는 행동을 해야 한다. 동시에 미지의 세계로 들어가야 한다.

그렇다면 어떻게 즉흥성을 발휘할 수 있을까?

**첫 번째 비밀 ▶ 두렵더라도 일단 저질러라**

자신의 앞에 알 수 없는 일이 놓여 있다는 사실이 버겁게 느껴질 수도 있다. 어쩌면 곧 위험과 정면으로 마주해야 한다는 생각에 도망치고 싶은 마음이 들기도 할 것이다. 두 가지 모두 지극히 정상적인 감정이다. 발견을 하기 전까지는 미지의 무언가가 정확히 무엇인지 절대 알 수 없다. 그래서 언제나 미지의 무언가는 두려움을 동반한다. 하지만 막상 모험을 시작하게 되면 그 두려움이 가치 있는 것으로 변화해나갈 것이다.

용기란 두려움을 느끼지 않아서가 아니라 두려움을 느끼면서도 앞으로 나아가는 능력이라는 사실을 반드시 기억하라. 즉흥적으로 할 행동을 미리 계획하지 마라. 그건 즉흥적인 행동을 하는 척을 하는 것이지 진정한 실천이 아니다.

일단 저질러보라. 상사가 여러분의 아이디어를 어떻게 생각할지 확신이 서지 않더라도 필요하다고 판단되면 일단 말해보라. 정당한 이유로 불만을 제기하는 소비자에게는 회사의 방침과는 다르더라도 일단 손해를 배상해주겠다고 말하라. 만일 회사의 방침을 바꿀 방법을 찾지 못하거든 자신의 돈으로 그 손실을 메워보라. 새로 온 직원과 전혀 공감대가 없어 보이더라도 일단 점심 식사를 함께하라. 그런 다음 자신과 비슷한 점이 없는지 찾아보라.

즉흥성을 발휘한 뒤에 얻게될 풍성한 보상 몇 가지를 이러한 식으로 미리 경험해 보는 것만으로도 즉흥성에 대한 의욕이 솟을 것이다. 단, 실천에 대한 보상을 인위적으로 정해놓아서는 안된다.

대본에 따라 움직이는 방식의 문제점은 일이 진행되지 않는 데 있는 것이 아니라 실행 방법이 단 하나 밖에 없다는 데 있다. 빠른 속도를 유지하려면 당연히 대본도 필요하다. 그런데 유지 이상의 발전을 원한다면 다음과 같은 방법을 시도해볼 수 있을 것이다.

- 여러분 앞에 펼쳐진 길로 들어서라. 그리고 다른 곳으로 눈을 돌리지 마라.
- 여러분 앞에 펼쳐진 길로 들어서라. 그리고 더 나은 길은 없는지 살펴라.

첫 번째 방법은 목적지와 도착 시간을 알 수 있다. 두 번째 방법도 목적지와 도착 시간을 알 수 있다. 하지만 첫 번째 방법과 차이가 있다면 목적지까지 더 빠르고 쉽게 도착할 수 있는 방법이라는 점이다. 두 번째 방법을 채택하여 일한다면 효율적으로 일을 진행하면서도 새로운 가능성을 놓치지 않을 수 있다.

창의적인 행동이란 서로 무관한 점과 점을 이어 선으로 만드는 행위를 하는 것이다. 무한한 가능성과 잠재적인 조합이 존재할 것이다. 그 무수한 것들 중에 혁신적인 해결책이 숨어 있다.

잘 짜인 대본에 따라 움직이는 일상이 실패할 수밖에 없는 이유가 여기에 있다. 그런 식으로 메워지는 일상은 새로운 가능성을 찾아내는 데 소극적이며 '오늘 새로운 일은 하나도 일어나지 않아.'라는 전제를 깔고 있기 때문이다.

대본에 없는 일이 발생했을 때를 주목하라. 갑작스러운 전화 한 통을 받고, 복도에서 우연히 마주친 동료와 즉흥적인 회의를 하게 되는 일 등이 모두 혁신의 불씨가 될 가능성을 품고 있다. 혼자서 하는 카드놀이는 절대 자극이 될 수 없다. 두어 장의 사진을 페이스북에 올리는 행동도 혁신과는 별 상관이 없다. 그 대신 아주 솔직하게 지금 하고 있는 일에 있어서 방해가 될 만한 요소들을 목록으로 작성하라. 그리고 그 문제들을 어떻게 해결하여 성공을 위한 가능성으로 전환시킬 수 있을지 고민하라.

만약 여러분이 순탄한 길을 걷고자 하는 사람이라면 자신이 선택한 길로 계속 가라. 그리고 다른 곳으로 눈을 돌리지 마라. 전혀 새로울 것 없는 일만 받아들여라. 알 수 없는 어떤 것은 찾지 마라. 잠재력도 그대로 덮어두어라.

하지만 천재적인 창의력을 발휘하고 싶다면 때때로 더 나은 길이 없는지 끊임없이 탐색하라. 결과를 알 수 없는 즉흥적인 행동이 여러분의 창의력을 발산시킬 것이다.

즉흥적으로 행동하라.

> **creative note**
>
> 두려워하지 말고 미지의 세계로 뛰어들어라. 갑작스러운 전화 한 통을 받고, 복도에서 우연히 마주친 동료와 즉흥적인 회의를 하게 되는 일 등의 방해 요소 모두 혁신의 불씨가 될 가능성을 품고 있다. 방해 요소를 문제라고만 여기지 말고 일을 더 잘되게 할 가능성을 품고 있지는 않은지 다시 한 번 돌아보라.

# 당신의 피카소

양철맨은 도로시(Dorothy)와 토토(Toto)를 만나기 전까지 평범한 인간이자 나무꾼이었다. 먼치킨(Munchikin) 마을에 살던 나무꾼은 사악한 마녀의 하녀였던 어느 소녀와 사랑에 빠졌다. 나무꾼이 자신의 하녀를 사랑한다는 사실을 안 사악한 마녀는 화가 나서 나무꾼의 도끼에 저주를 내렸다. 그 저주로 인해 나무꾼이 도끼로 나무를 팰 때마다 도끼가 손에서 미끄러져 나와 나무 대신 나무꾼의 몸을 쪼갰다.

나무꾼은 목숨을 부지하기 위해 양철공에게 양철 조각으로 쪼개진 몸을 이어달라고 부탁했다. 그렇게 나무꾼의 몸은 양철 조각이 되고 말았다. 심장도 양철 조각으로 바뀌었다. 심장이 멈추지 않게 하려면 녹이 슬지 않도록 기름칠을 해야만 했다. 그리고 양철맨은 양철 심장 때문에 더 이상 소녀에게 사랑을 느낄 수 없게 되었다. 그래서 예전 모습을 되찾기 위해 새 심장을 찾아 길을 떠나게 된 것이다.

양철맨의 이야기는 여러분이 각자의 내면에 있는 예술가를 발견해 나갈 과정을 잘 묘사하고 있다. 그 길에서 발견하게 된 여러분 안의 예술가가 일상에 영향을 미치지도 못하고, 업무 방식을 바꾸지도 못한다면 그건 팔레트에 풀어 놓은 물감에 지나지 않는다. 풀어 놓은 물감을 언제 쓸지 기다리기만 한다면 결국 말라붙고 말 것이다. 여러분이 이 책을 읽으면서 느꼈던 여러 감정들과 다짐을 말라붙지 않도록 해야 한다.

여러분의 물감이 마르도록 내버려두지 마라. 지금 당장 그 물감을 사용하라. 혹시 아직 붓이 익숙하지 않다면 맨손으로 칠해라.

나는 붓과 팔레트를 어떻게 사용해야 할지 몰랐을 때 손에 물감을 듬뿍 묻혀서 캔버스에 색을 칠했다. 색을 어떻게 조합해야 할지도 몰랐고 나조차 완성된 그림의 모습을 예측할 수 없었다. 굉장히 자유롭게 나 자신을 드러냈던 것이다.

당시의 나는 그림에 대해서 빈 캔버스 같은 경력을 갖고 있었다. 전혀 아는 게 없었다. 그러나 그래서 무엇이든 가능했다.

가만히 서서 빈 캔버스를 바라보고 있으면 두렵기도 했다. 하지만 어떤 내가 될 것인지는 내가 선택할 수 있다는 사실을 알고 있었다. 선택지는 세 가지였다.

- 텅 빈 캔버스를 우두커니 쳐다보면서 어떤 새로운 일을 시작하기도 전에 겁

을 먹고 걱정만 한다.

- 책상에 앉아서 앞으로 1년, 5년, 10년 동안 내 캔버스가 타인들에게 어떻게 보일지에 대한 계획을 세운다.
- 물감 속에 손을 푹 담근 뒤 그때그때 드는 감정을 솔직하게 캔버스에 그린다. 좌절, 분노, 두려움, 희망, 바람, 궁금함, 감사, 예상 등. 그리고 결과가 어떤지를 살핀다.

나는 세 번째를 선택했다.

당신은
세상에 단 하나뿐인
예술가입니다.

**에릭 월 창의력 특강**